|サイコ・クリティーク|
Psycho Critique 23

愛に疎まれて

〈加藤智大の内心奥深くに渦巻く
悔恨の念を感じとる〉視座

Serizawa Shunsuke
芹沢俊介

批評社

愛に疎まれて
――〈加藤智大の内心奥深くに渦巻く悔恨の念を感じとる〉視座

＊目次

第１章　「孤独」から考える

１　養育論として事件を読み解く

二〇一五年二月二日、最高裁は秋葉原無差別殺傷事件の容疑者、加藤智大の上告を棄却、死刑が確定した。

私の関心は、死刑囚としての加藤智大にはない。知りたい点はたった一つ、なぜ加藤智大は死刑に値するような凶悪な行動におよぶにいたったのか、という私の中の素朴な、しかし解きがたい問いに対する答えである。その答えを私は加藤智大の養育過程に探ろうとしているのである。

養育論として事件を読み解きたいのである。*1

養育過程を探ろうとする理由は、二つである。第一に、生まれつきの殺人犯などというのは論理上、想像上にしか存在しないということ。実際においてそれは主に両親、とりわけ母親との関わりあいにおいて因《たね》として埋め込まれる。その因が発芽し、悪の花として開くまでには、同じく両親を始めとする何者かとの何らかの関わりあいや影響つまりは縁がなければ不可能だと考えるからである。因は縁によって作られ、その因はほかの悪しき縁によって悪く育まれもするし、よき縁があれば解体されもするのである。

したがって第二に、養育過程を探ることは、このような事件の再発を阻止する道を探ることでもあるのだ。因が埋め込まるにいたった要因、時期、行動面においてのその最早期の現われについて特定できるならば、それを言葉にすることによって、再発の阻止のための一助とすることが期待できるのである。

繰り返せば、私が尋ねたいのは、加藤智大にとって秋葉原無差別殺傷事件の因とは何かであり、その因はどのようなはたらきの過程をたどり、ついにはとてつもない事件を呼び寄せるに至ったのか、という問いである。

あらかじめこれに対する答えを出しておくと、因とは加藤智大にとって「孤独」であった。断っておくが「孤独」という視点は、私の独自な着想ではない、すぐ後に述べるように、すでに加藤智大自身が事件の根本的要因としてこの「孤独」という言葉を用いていたのである。ここに言う「孤独」は、養育論として読み解くと、ひとりぽっちという意味での「孤独」ではなく(それはむしろ「孤立」と呼ぶべきであろう)、自分の寄る辺がどこにもない(unreliable)、そのような不安にみまわれているという意味での「孤独」である。「孤独」とはだから、寄る辺ないという不安の別名である。

養育論的視点が事件の基本的な背景に思い描こうとしているのは、「孤独」すなわち寄る辺なき状態という不安が加藤智大の内面に浸潤してゆく道筋であり、その寄る辺なさを形成した母親の加藤に対する関わりの型――のちに「相互一方通交」とでも呼ぶことになる断絶したコミュニケーションの形式である。その通交の形式を抱いてついには無差別殺傷という行動へとなだれこんでいった道筋である。この実行までの道筋を、できうるかぎり加藤智大の言葉に即して取り出すこと、それが私に課された作業であると考える。

加藤智大の言葉に即してと書いた。幸いなことに私たちは、加藤智大自身の手記を読むことができる。手記はこれまで四冊の本となって刊行されている。『解』『解+』『東拘水夜抄』『殺人予

＊1　私の知る範囲で言えば、我が国における自覚的な養育論・養育思想の構築への胎動は、一九九八年、児童福祉、障害者福祉にたずさわる人たちの集まり「養育を語る会」の結成をもってはじまった。この会は隔月で開催され、現在も継続されており、二〇一五年七月の例会で九七回目を迎えた。この会から生まれた著作に『養育事典』(二〇一四年明石書店)、『もういちど親子になりたい』(二〇〇八年主婦の友社、二〇一三年新版『子どものための親子論』に改題、明石書店)がある。

防』である。*2

これらの手記に私たちは、自らが犯してしまった恐るべき犯罪を見つめようとする加藤智大の明白な意思を汲みとることができる。どの手記も、なぜ自分は無差別殺傷事件の犯行者となってしまったのかを問うことこそが、なにをおいても果たさなければならない最重要課題であること、この課題の遂行が今後の事件の再発の「予防」となるはずだという強い気持ちで貫かれている、このことは疑い得ない。

手記にあからさまな懺悔の言葉を多く読むことはできない。直接間接に被害を受けたひとたちが、それを「反省」が足りないと非難することは必ずしも不当とは思わない。けれども、にもかかわらず、自己対象化の作業への必死の取り組みがなされていることは誰の目にも明らかである。ここに加藤智大の内心奥深くに渦巻く悔恨の念を感じとることができる、私には、そのように思えるのである。

2 「孤独」という問題設定

手記の分析に着手する前に、三つほど書きとめておきたいことがある。

第一は、書物のかたちをとった手記への言及は、私にとってこの論考がはじめてであるということ。私のこれまで発表した秋葉原事件に関する論述はすべて『解』刊行以前のものである。*3

加藤智大の最初の手記『解』が公刊されたのは、事件後丸四年が経過した二〇一二年七月である。ちなみに事件を起こしたのは二〇〇八年六月八日。当時二十五歳だった加藤智大が、賑わう日曜午後の秋葉原のホコ天（歩行者天国）に人を轢くことを目的にトラックで突っ込み、その後トラックを捨て、ナイフをふるったのだ。この行為によって七人が死亡、一〇人が重軽傷を負った。死者、重軽傷者の縁者、さらには現場付近に居合わせた人たちの被った心的外傷というところまで被害の幅を広げることができよう。故人、家族、社会に与えた影響という点で見るなら、膨大かつ深刻なものを認めなくてはならないだろう。二〇〇八年一〇月一〇日、こうした行為に対して、殺人および殺人未遂の罪で起訴がなされた。一審で死刑判決が出たのは二〇一一年三月二四日、高裁による控訴棄却がなされたのが二〇一二年九月、そして最高裁による上告棄却が二〇一五年二月二日である。

*2　いずれも批評社刊。付記しておくと、どの手記も、一審の公判開始以降に東京拘置所の独房において書かれたものと思われる。

*3　たとえば『親殺し』（二〇〇八年ＮＴＴ出版）、『若者はなぜ殺すのか』（二〇〇八年小学館新書）、『生きられる孤独』（二〇一〇年シューレ出版　非行問題の専門家須永和宏との往復書簡）、『「孤独」から考える秋葉原無差別殺傷事件』（二〇一一年批評社　高岡健との共著）、単行本未収録の論文「カリギュラの孤独」（二〇一一年十一月執筆）

第二に、これまで事件の理解の手がかりとしたのは、加藤智大が事件を起こす直前の数日の間に自らの携帯サイト（掲示板）へ書きこんだいくつかの短文だけであったということ。

第三に、中でも私を引きつけ、離さなかったのは、以下に記すたった一つの表白であったこと。

人と関わりすぎると怨恨で殺すし、孤独だと無差別で殺すし　難しいね。『誰でもよかった』　なんかわかる気がする（二〇〇八年六月五日）

「人と関わりすぎると怨恨で殺すし、孤独だと無差別で殺す」。この対比的な把握のあざやかさ、「孤独だと無差別で殺す」というように、「孤独」と無差別殺傷行為とが結びつけられたことの驚きと衝撃は「孤独」をテーマに、事件に言及したいという私の意欲を激しくかきたてたのである。この書き込みを読んだときに私の目標は決まった。「孤独だと無差別で殺す」、わずか一〇文字に記されたこの命題を養育論の視点から解明すること。事実、私のこれまでの秋葉原事件をめぐるいくつかの論述は、すべて「孤独」をめぐってその解明に費やされているのである。

養育論として「孤独」とはなにかを解明できれば、無差別殺傷事件におよぶことになった犯行者の内面の根底部分（無意識の領域）の作られ方に光を当てることが可能になるであろう。それはそのまま、このような出来事を事前に防止するための基本的な手立てになるはずである。防止するための手立てとは、たった一つ、子どもを「孤独」においやらないこと。このような養育論的な問題設定の仕方は、この著述においてはさらに徹底されているはずである。

だが、後述することになるが、加藤智大は、右の私の問題設定に頑なに背を向けたのである。「孤独だと無差別で殺す」というときの「孤独」は、加藤智大の手記ではまったくといっていいほど追求されなかったのである。手記の重点は、自ら携帯サイトに記した「孤独」ではなく、もっぱら社会的なつながりを失った状態を表す「孤立」に移動してしまったのである。このような加藤智大の内部での変化を、変節と難ずるつもりはない。ただ、この移動は、意図的であったと思えるふしがあるのだ。「孤独」を排し、「孤立」へと重点を移したことによって、加藤智大が自分の中の見つめるべき重大な何かに蓋をしてしまった、そんなふうに感じられてならないのである。

加藤智大は「孤独」と「孤立」を分け、「孤立」を自殺しても避けようとする深刻な事態、それに対して「孤独」を単独状態に置かれたときの「なんかさみしい」といった程度の感傷的な感情という意味に過小評価して使ったのだった。私は正直、失望した。

「孤立」という加藤智大の問題設定を否定しているのではない。いつの間にか「孤独」を右のように徹底的に軽視——無視——してしまったことに疑念を呈しているだけである。私の養育論的観点を繰り返しておこう。加藤智大の携帯サイトへの書き込みに忠実に、「孤独」が基底であり、手記に登場してきた「孤立」は、「孤独」という基底から生まれた二次的な事態なのである。

養育論的に理解した「孤独」は、加藤智大の言うような感傷的な感情とは縁もゆかりもない。特定特別の絶対の信頼対象としての「誰か」（後述する「一緒の誰か」＝「受けとめ手」）の欠如を意味する。養育論的に理解した「孤独」は、そうした欠如あるいは喪失がもたらす対処しがたい「不安」であり、寄る辺なさとして把握できる存在の絶対の危機を指しているのである。このような特定の「誰か」の欠如と、秋葉原無差別殺傷事件に現われた「誰でもいい誰か」という特定性を欠いた、攻撃対象の無差別性とは、私の目には疑いようもなく見合っているのである。

それゆえ、私の理解では、「孤独だと無差別で殺す」というときの「孤独」にこそ、加藤智大は自己探求の焦点を定めるべきであったのだ。それなのに、加藤智大は重点を「孤立」へと移動させてしまったのである。[*4]

加藤智大は『解』で、自らの掲示板へのこの書き込みに触れて次のように書いている。

「孤独だと無差別で殺す」と書くことで、不細工だから彼女も友達もできない、としている孤独なキャラの私が無差別殺傷事件を考えているようにほのめかした警告です。

無差別殺傷事件の犯人の供述の定番の「誰でもよかった」を、「なんかわかる気がする」とすることで、私がそのような事件を考えているようにほのめかす警告です。

補足しておくと、私には誰でもいいから人を殺したくなる心理は理解できません。また、そのように誰でもいいから人を殺したくなった人が起こした無差別殺傷事件と秋葉原無差別殺傷事件は、別の種類の事件です。(『解』)

加藤智大は「誰でもいいから人を殺したくなる心理」は自分には理解できないと書いている。だが、どのように強弁しようと、その抗弁は「孤独だと無差別で殺す」という自らの書き込みを裏切っている。もう一点大切なことは、そうした抗弁が加藤智大の犯行の心理が、別の無差別殺傷事件の犯行者の「誰でもいいから人を殺したくなる心理」と異なっているということの保証にはならないということだ。なぜなら、実際の加藤智大の犯行は、まさにその理解できないと述べた「誰でもいいから人を殺す」ということを実行した結果だからである。

私には、秋葉原無差別殺傷事件も他のどの無差別殺傷事件もともに、加藤智大が自ら命題化しながら、その後の探求を怠った特定の「誰か」の欠如という意味での「孤独」に深く根ざしているという点で、構造的にまったく同一であると思えてならないのだ。[*5]

＊4　最高裁上告棄却理由に示されている次の言葉、「被告人は、派遣社員として職を転々とする中で社会への不満を募らせるとともに孤独感を深めていたところ、……」(平成二七年二月二日)。ここにいう「孤独感」は加藤智大のいう「孤立」と同じ意味である。いわば相対的孤独でしかなく、以下で私が考えようとしている「孤独」、すなわち絶対的孤独とは異なっている。

＊5　以下では「孤独」はことわらないかぎり、特定特別の「誰か」の欠如の意味に用いる。

加藤智大が、自分の犯した犯行と他の無差別殺傷事件は異なると述べる根拠は、加藤自身の言い方を用いれば、右の書き込みが、掲示板に登場した「成りすまし」らだけに通じる「警告」であって「本心」ではないということになる（あたかも加藤智大本人であるかのように掲示板に書き込みをした「成りすまし」については後述）。しかもこの書き込みをしたときの内面は冷静であったし、高揚していた（我を失っていた＝芹沢注）わけでもなかった。それゆえ犯行は、「成りすまし」らへの心理的攻撃の手段として無差別殺傷事件を利用したことに起因していると説明している。つまりは、意図も動機も他の無差別殺傷事件と異なるというわけだ。

しかし、「人と関わりすぎると怨恨で殺すし、孤独だと無差別で殺すし　難しいね。『誰でもよかった』　なんかわかる気がする」という書き込みを素直に読んだ感想は、加藤智大の右の説明とは大きく喰いちがっている。

第一に、この書き込みを、「成りすまし」らに対する「警告」がほのめかされていると受け取ることはとうてい無理である。「成りすまし」と加藤智大とのやりとりの流れの中に置いてみても、「成りすまし」本人にすら、これを「警告」として感知することは絶望的にむずかしいであろうし、ほぼ不可能であると言っていいのではないだろうか。

第二に、この書き込みの初見における私の印象はむしろ、加藤智大が秋葉原で凶行におよぶ三月前に、常磐線荒川沖駅構内において無差別殺傷事件を起こした金川真大の発言「誰でもよかった。人を殺したかった」に対し、共感している加藤智大の内面である。事件を起こすところまで追い詰められたものの「孤独」に共感する加藤智大である。いまなら、こうも付け加えられよう、金川真大の言葉に感受した「孤独」への共感が、思いがけなくも、いままさに自己の内面に抑えがたく生起している親殺しから無差別殺傷の間の振幅を言葉にするよう促したのだ、というように。私が、「誰でもいいから人を殺したくなった人が起こした無差別殺傷事件と秋葉原無差別殺傷事件は、別の種類の事件です」と書く加藤智大の言葉を、にわかには信用できない理由はこんなところにもあるのだ。*6

さらに言えば、加藤の右の説明は、事後的でかつあまりに自分の都合に引き寄せた分析であるように思える。手記から伝わってくるのは、加藤自身の説明とは逆に、この時期の加藤智大の精神状況は冷静さを保つことができないほど切迫し、きわめて余裕のない混沌《アノミー》状態にあったと思われることだ。掲示板を雑談や遊びの場だとみなしていた際の加藤智大の、遊びや雑談に興じる楽しげな姿をここに思い浮かべることはできない。

事後的で自分に都合よく引き寄せた分析だと考えざるを得ない理由は他にもある。掲示板にそれこそ秒単位で次々と書き込む、その書き込みの速度である。速度に促され、そのとき選ばれた

＊6　金川真大の起こした土浦無差別殺傷事件については、『若者はなぜ殺すのか』（二〇〇八年小学館新書）で論じている。

激しい攻撃性（怒り）をはらんだ言葉は、加藤智大の「孤立」と、その基底に居座っている寄る辺なき状態という不安つまりは「孤独」との、無意識下における合作であったのではないか。そのようにして、加藤の内面に無差別殺傷事件が、心像として用意されたものと推測する。

付け加えると、後に詳述するように、「成りすまし」そのものが掲示板にしか出現しない抽象的な存在であり、もともと誰であるか、どこにいるかわからない特定不能な存在なのである。そのような特定不能な存在への攻撃である以上、攻撃対象は不特定へと拡散せざるを得ず、その攻撃が実行されれば、攻撃する対象は不可避的に無差別的に拡散せざるを得ないのである。

「成りすまし」という抽象的存在一点にのみ関心が囚われてしまったとき、他者がつくっている具体的な世界と自分との関係が、加藤智大の視野からまったく消滅してしまっている。自分だけが一人怒りで混沌とした内面をかかえ、「成りすまし」という抽象的存在への攻撃を準備している。そこに現われている客観性の欠如は、加藤智大の当時のアノミックな内面状況そのものを物語っているのではないか。

加藤智大の陥った「孤独」、「孤独」がもたらした内面のアノミー状態において、すでに加藤の殺意の対象は、「誰でもいい誰か」に向けられていた。それは、加藤智大が理解できない、と事後的に記した「誰でもいいから人を殺したくなる心理」に、加藤智大が呑み込まれたことを告げていたのである。[*7]

3　言葉にこだわるということ

『解』を読むと、加藤智大は言葉に対してとても鋭敏で厳密なところがあることに気づく。しかも、加藤智大にとって言葉は事件と深くつながっていたのである。言葉は、加藤智大の内面生活の大きな特徴でもあるので、ここはしっかりとこだわっておきたい。

『解』にこんな話が出てくる。警察官、検察官の取調べを振り返りながら、加藤は「人を殺すつもりではなかった」と供述したと述べている。続けて「人を**殺すつもりでは**なかった」ということは、「人を**殺すつもりは**なかった」ということとは違うのだと主張する。加藤は、自分の供述には「では」というふうに「で」が一言、入っている。「人を殺すつもりはなかった」と言ったのではないと述べるのである。ところが検察の調書は、そのどちらをも破棄して、「人を**殺すために**」というふうに、供述を書き換えてしまったというのだ（**太字**による強調は芹沢）。

＊7　アノミー　E・デュルケームが『自殺論』で提起した概念。自力では立て直し不可能な内的秩序の崩壊状態。E・デュルケームはアノミーにおいて、人は自殺するか他を殺害するか、どちらかの状況に追い込まれると述べる。加藤智大は、自殺に失敗している。だとすれば残されたのは他を殺害する道だけである。自己統御と客観性を失った加藤智大の当時のアノミックな内面状況は、「誰でもいいから人を殺したくなる心理」と通底することになる。

検察官が作る供述調書には、「人を殺すためのナイフを買い、人を殺すためのトラックを借り、人を殺すためにトラックで跳ね、人を殺すためにナイフで刺した」と、全部「人を殺すため」というふうに書かれている。けれども、自分はそういうふうに話してはいない、あくまで「人を殺すつもりではなかった」と言った。それが「人を殺すために」というふうに、書き換えられた、そう『解』で書いている。

しかし、加藤智大はその書き換えをそれほど強く非難しているわけではない。ただ「書き換えられた」という事実を述べているのだ。*8

「人を殺すつもりではなかった」ということは、「人を殺すつもりはなかった」ということとはまるで違う。まして「人を殺すために」ということとは正反対と言えるほど意味が異なってくる。

この本における加藤智大の趣旨は、「人を殺すつもりではなかった」と、「人を殺すつもりはなかった」「人を殺すために」との違いを明瞭にすることの方にあったことがわかる。

加藤智大に代わってここを簡単に説明しておくと、「人を殺すつもりではなかった」という言葉に、加藤智大が込めた意味は、「事件は目的ではなかった」ということ、「手段であった」ということだ。

これに対して、「人を殺すつもりはなかった」という言い方が伝えようとしているのは、たとえば、当初の狙いは、相手を痛めつけるだけだったのに、意に反して、痛めつけているうちに過って相手を死なしてしまったというニュアンスである。言わば過失致死という主張である。そして

「人を殺すために」は、明瞭な殺害意図をもっての行動ということになる。しかし、これら二つはどちらも、自分の行為を的確に伝えるものではない、加藤智大はそう主張しているのである。

四十年近く、犯罪批評をやってきた経験から、言えそうに思えることがある。

警察官や検察官によって「人を殺すつもりではなかった」という言葉が、「人を殺すために」というふうに書き換えられる、その書き換えは必ずしも、意図的な歪曲とは言い切れないところがあると思えることだ。そこには、もっと別の理由、動機が関与しているように感じるのである。

*8　加藤智大は『解＋』の前半では、次のように書いて怒りを表出している。

「そもそも捜査機関の目的は、真相解明ではありません。「社会の敵」をやっつけることです。……私がそのようなまるで見当はずれな想定と偏った捜査の方針にのっとって作成された調書に署名・押印したことが、さらに捜査を迷走させたこともまた事実なのかも知れません」。

「こうして、悪意と偏見に満ちた捜査員が犯人像を歪めていき、事件の真相を隠してしまうことになります」

「それはつまり、供述調書の内容は、供述調書を作成する捜査側の意図で決定されているということを表します」

「精神鑑定は、その（デタラメな）供述調書を元にしておこなわれます。……私の精神鑑定というより私の供述調書を「鑑定」しているようなものです」。

なぜこのような改ざんが行われるか。その理由の一つは、供述調書が結果から始まる点にある。事件の調書は、結果が行為の目的であるかのように、ストーリーが構成されるところに特徴がある。たとえば、七人が殺され、一〇人が重軽傷を負ったという事実、つまり結果から出発するのだ。ここを起点に、犯行者の意図、ふるまい、事件と関連する行為や発言や心意、影響関係を過去へとさかのぼって調べ、供述を取り、明らかになったそれらの諸事実を犯行と因果論的に結びつけていく。いわば結果から過去へと、動機をめぐる因果の鎖をつむいでいくのだ。これが警察、検察の調書の書き方の中心にあるモチーフなのである。

それゆえに、しばしば当人の供述とその供述を記したはずの調書（警察官、検察官による）がまったく違ったものになるということが起きる。話してないことが話したとされて付け加えられたり、話したことが削られたり、別様に書き換えられるということが生じる。書き換えは、意図的な歪曲ではなく、調書の性格が求めるものなのである、その点で、書き換えはいわば必然の成り行きでもあるのだ、そう考えてみたくなる。

このことにからんでもう一点、指摘しておきたいことがある。動機をめぐる因果の鎖を結果から過去へと遡行的につないでいく、その鎖のつなぎ方は、社会秩序が求める思考の枠組みを外れることはないということだ。そうした思考の秩序枠（社会防衛のための）は、大きく言って、以下の二つに規定されている。まず、犯行を大多数の人たちにとって、納得可能な、わかりやすい因果関係に則った筋書きとして把握すること、次にその時々の社会の寛容性の度合い。

このような秩序枠をはみだすことがないように事件に関する警察、検察のストーリーは作られる。したがって、書き換えや歪曲と思えるものでも、それは警察官や検察官の個々の意見、考え方、感情の単純な反映ではないということ。思考の秩序枠に則っているのであり、それゆえに、一般の人たちの考える事件の因果の捉え方(社会防衛的)と、あまり大きくずれることがないのである。

こうした供述と供述調書の間の埋められない齟齬、ギャップについては踏まえておいて無駄ではないと思う。警察や検察は、出来事の真実は、自由な探求によって得られるのではなくて、社会的、法的な秩序の思考枠、それも善悪の思考枠の中にあると考えるのだ。よっぽど意識的に出来事に向かい合うという姿勢を維持しないかぎり、私たちの犯罪理解もまた、そうした秩序の思考枠——主に善悪の道徳論——の中に収まってしまうことになる。

自戒をこめて、こう言っておこう。秩序の思考枠に常に自覚的であることによってのみ、出来事の真実に近づく自由が生まれるのである。[*9]

加藤智大によれば、事件を起こすことになった最大の要因は、加藤が最後の拠り所にした、イ

＊9　犯罪精神医学は、既成の概念を行使し、犯行者の個人の心理に踏み込むことによって、思考の秩序枠を補強する。また、新聞やテレビ等のマスメディアが、このような秩序の思考の枠組みをはずれて報道することはほとんどないと言えるだろう。読者や視聴者がそれを追認するのである。

ンターネット上の掲示板に、「荒らし」や「成りすまし」が登場し、彼らによって家族ともみなしていた「友人」との間の団欒の場を無人の荒野に変えられてしまったことだ。激しく憤った加藤智大は、「荒らし」や「成りすまし」に謝罪を求めた。だが、彼らは自責の念のかけらさえも示さない、それどころか開き直って、自分らのふるまいを正当化する態度に出たのだった。

そこで、「成りすまし」らに警告を発した。警告は、『解』において使われ、『東拘永夜抄』においては中心概念の座を占めることになった用語で表せば「しつけ」ということになる。「しつけ」とは、少々の心理的な痛みを与えることで、間違いを改めさせること、という意味である。

本気で怒っていることを知らせるために何度も警告した。だが、一向に改まる様子はみられない。加藤智大は警告の強度を上げるしかないと考えた、こうしてマスコミが驚き大きく取り上げるような事件——無差別殺傷事件——を起こすことを思いつき、それを掲示板上に記したのだった。

それでも「荒らし」や「成りすまし」らは、無反応である。さらに警告の強度を上げた。強度を上げたことによって警告は警告のレベルを超え、実行のレベルへと突入してしまった。これが、加藤智大の記す事件への経過説明である。つまり、事件は「目的」ではなかったということ、「目的」はあくまで「成りすまし」らの間違った考え、行動を改めさせること、「しつけ」であり、事件はその「手段」であったという主張である。*10

だが、この論理が社会的、法的秩序の思考枠にはとてもすんなりと収まりきれるはずがない。

かくして検察官の供述調書は、加藤智大の趣意を供述どおりに記述せず、それどころかほぼ正反対の内容に改ざんされ、作成されたのである。「人を殺すために」と、はっきりと無差別殺人事件が目的であったことを記し、審判はそれを追認したのだった。[*11]

4　動機としての「孤独」の構造について

加藤智大が自ら語る動機は「成りすましじつけ説」だ。これに対しては、私が提起してきたのは「孤独説」である。動機とは、狭く捉えれば、行為のきっかけとなる原因を意味する。しかしこの論考では、動機を事件の根本的な要因という意味まで含ませて考えようとしている。私の狙いは、加藤智大の「成りすましじつけ説」を、もっと普遍的な「孤独」という要因にまで押し広げて、捉え返すことなのである。

もう一度、事件三日前の掲示板への書き込みに戻ろう。「人間関わりすぎると怨恨で殺すし、

＊10　「しつけ」の強度を上げ、心理的痛みを身体的痛みにレベルアップするという考え方は、後に述べるように、加藤智大が母親から受けた身体的痛みをともなった「しつけ」を反復したことを物語っている。

＊11　最高裁は上告棄却理由を、次のように書いている。「本件は、周到な準備の下、強固な殺意に基づき、残虐な態様により敢行された無差別事件であり、……」（平成二七年二月二日）

孤独だと無差別で殺すし……」。

いっぱしの犯罪批評家を自認していた私にとっては、これはとてつもなく大きな問題提起の言葉だった。怨恨が起こす事件と無差別殺傷事件との本質の違いを、対比的に並列し、これだけの短い言葉で摑んでみせた者は、古今東西どこにもいない。私はこの端的な命題に、強烈な衝撃を受けた。呼びかけられたという感じさえした。とりわけ「孤独だと無差別で殺す」と言ったときの、「孤独」という言葉に。

最初は、「人と関わり過ぎると怨恨で殺すし」という箇所には、あまり注意を払わなかった。重要視していなかったのだ。というのも、怨恨をたとえば愛憎問題がもとになって引き起こされる感情だというふうに理解すれば、こうした認識にこめられた無数の愛憎殺傷事件に、いまの時点で触発されるところが乏しかったからだ。

けれど、加藤智大がなぜ二つの命題を並列的に書いたかということに思いを潜めているうちに、『人と関わりすぎると怨恨で殺すし』という箇所もまた、加藤智大その人のそれまでの、親子関係のありかたに即した言葉であったかもしれないと思えてきたのだった。「関わりすぎる」というときの加藤智大が具体的に思い浮かべていた相手は、母親だとすれば、この言葉はにわかにリアリティを帯びてくるはずだ。後に紹介するけれど、母親は迫害者として登場し、執拗に子どもである加藤智大に、ここまでするかというほど理不尽きわまりない酷い仕打ちでもって関わりを続けたのである。

「怨恨で殺す」は、加藤智大の内部に沸き起こった迫害者としての母親に対する強い怒りが怨恨へと結晶し、「母親殺し」の方向をとろうとしていたことを推察させる。したがって、ほんらいの狙いは親殺しであったというふうに、この箇所の発するメッセージを受け取りなおしたのである。つまり、母親を怨恨で殺していれば、無差別殺傷事件はなかった、いまでは珍しくもない親殺し事件のひとつとして新聞の片隅に小さな見出しを飾っただけで終わっていたはずであったという考え方を加藤智大は、この命題でもって伝えていたのではないか。

私はすでに『親殺し』（二〇〇八年）、『若者はなぜ殺すのか』（二〇〇八年）において、秋葉原無差別殺傷事件は、親殺し事件によって食いとめられているはずであった、親殺しを実行できなかったことが、無差別殺傷へ転じてしまった要因となったのではないかということを仮説として述べている。ただし、「人間関わりすぎると怨恨で殺すし」という箇所を、「孤独だと無差別で殺すし」という命題につなげて考えられるようになるには、事件後、しばらくの時間を要したのである。[*12]

＊12　「カリギュラの孤独」（『アディクションと家族』二〇一二年三月号）を執筆する過程で「怨恨」から「孤独」の推移に気がついたのである。

第2章
二重の母親

1　二重の母親

さて、養育論が考える「孤独」とはどういう内的状態として把握できるのだろうか。養育論から考える「孤独」は、具体的に記すと、受けとめ手としての母親が「いない」状態を意味している。

では、受けとめ手としての母親が「いない」状態とは、どのような状態のことだろうか。この「いない」は、母親の死亡による喪失のことではない。母親は「いる」のだけれど、「いない」のである。
養育論からみた母親は、二つの役割としてある。一つは言うまでもなく、産むという役割の担い手である。これを生物的（生物学的）な母親と呼ぼう。だが、生物的な母親だけでは、生まれた子どもの養育はかなわない。そこで、養育の役割をになう母親が必要となる。この子どもの養育の第一次的担い手を受けとめ手としての母親と名づけてきた。養育の主体は、受けとめ手しての母親なのである。受けとめ手としての母親がいなくては、養育は不可能である。[*1]

したがって、子どもが生まれ、生まれた子どもがそこにいるということは、その子を産んだ母親、生物的な母親が、そのまま受けとめ手としての母親へと移行することを要請されていることを告げているのである。この要請に応え、首尾よく移行をなしとげ得たとき、子どもに訪れたその充足状態を「二重の親」と呼んできた。子どもの最良の喜びがここにある。子どもの生涯において獲得する最良の幸福がこの二重の親の体験である。

＊1　産みの親・育ての親というように、組になって世上に流布されてきた言葉をここでは意図的に排している。その最大の理由は、育ての親というときの育てが養育のことであり、養育論の目的はほかならぬ育てとは何かを問うことだからである。目的であるものをすでに自明のもののようにあつかうことはできないのは理の当然であろう。実母とか養母という用語もまた、養育論の外にある。拙著『子どものための親子論』および『養育事典』参照。

「いない」に戻ると、「いない」とは、この受けとめ手としての母親がいない状態のことである。では、なぜ、受けとめ手としての母親なのだろうか？　養育の基本が受けとめだからである。養育は受けとめからはじまる。このことは、母子関係において、母親の子どもに対しとるべき基本的な姿勢および対応を指示している。すなわちその子の受けとめ手であることの選択である。

では、なぜ受けとめなのだろうか？　子どもの存在形式が徹底して受け身だからである。その生誕において、このいのち、このからだ、この性、この遺伝子、この親、この家族、この血縁……子どもは何一つ選んでいないのだ。これらを強制的に贈与されて子どもは生まれてきた。これを根源的受動性と呼ぶ。

ここをいくらか噛み砕いて述べれば、子どもはその存在形式が徹底して受け身であるゆえに、自らのいのちの存続を含めて、自らの欲求を自ら充足することはできない。根源的受動性ゆえに、子どもの最初の欲求は、受けとめられたいという欲求、受けとめられ欲求である。子どもがそこにいるということは、受けとめられ欲求を表出しているのであり、子どもはそのまるごとにおいて、受けとめられ欲求の表出体なのである。つまり、受けとめられ欲求の表出の受けとめ手が不可欠なのである。

もう少し、強調して述べれば、子どもという存在は、その根源的受動性という本質において、受けとめ手と不可分なのである。D・W・ウィニコットは、母子におけるこの不可分な関係をニードと呼んだ。母親は単独では成立しない概念なのである、必ず傍らに子どもがいるのである。

ウィニコットはここを、母子分離はない、あったとすれば、それは虐待であると記した。受けとめ手の役割は、受けとめである。受けとめるためには、その子の前に自己を（おっぱいを）差し出していなければならない。差し出しているということは、そこに「いる」ということである。子どもの特定特別の誰か——受けとめ手として、そこに「いる」こと、居続けることである。子どもにとって自分のためだけに自己を差し出しつつ存在する誰かを、ウィニコットは対象関係論的な精神分析（二人の心理学）の立場から「一緒の誰か」と言い、私は養育論を視点に受けとめ手と名づけたのだった。受けとめ手といい、一緒の誰かといい、それはその子にとって特定特別の誰かであって、誰でもいい誰かでないことは明瞭であろう。

子ども一般を対象とした受けとめ手という用語は成立しない。このことは確認しておく必要がある。受けとめ手は、「この子」という特定の対象の養育の主体のことである。すなわち、子どもにとって受けとめ手は、「自分だけ」を受けとめてくれる特定の特別な誰かのことであり、同時に、受けとめ手になることは「この子だけ」の特定、特別な誰かになることなのである。この過程が「親子になる」である。

たとえば、三人の子どもの母親は、順に三人の子のそれぞれの固有の受けとめ手としての母親になるのである。きょうだい三人が一人の母親で満足するのは、子どもたちにとって母親が自分だけの受けとめ手としてそこにいるからである。

一方を欠いては他方の存在はなく、同じく他方を欠いては一方の存在もない、そのようなお互いがお互いの存在の絶対の要件となるような関係――こうしたとことん排他的な、受けとめ・受けとめられの関係を指して、私たちは「親子である」と呼びならわしているのである。

子どもはそのような受けとめ手を得て、受けとめられ体験をもらうことができる。受けとめられ体験とは、受けとめられ欲求の表出を受けとめ手に受けとめられるということ、そこに生じる受けとめられ欲求の充足体験のことである。

このような受けとめられ体験をもらった状態を、ウィニコットは「ある」being という言葉で表現した。「いま・ここに・安心して安定的に・自分が自分である」という存在感覚のことである。この存在感覚は、「いま・ここに・安心して安定的に・自分が自分であっていいのである」という存在感覚の肯定へと発展していく。この段階を、「資格としての存在感覚」という造語でもって言い表してもいいかもしれない。子どものこうした「ある」を作ることこそが養育の最大の課題である。「ある」を得た子どもは、自らの個性をその上に開花させていくための基盤を得たのである。

「ある」は、一人では作れない。受けとめ手という一緒の誰かを不可欠とする。

必要なとき裏切られることなく必要なだけの受けとめられ体験をもらった子どもは、受けとめられ体験の提供者である受けとめ手を、子ども自身にとっての誰か、すなわち特定かつ特別な存在とみなしてゆく。自分のためだけにいる一緒の誰か、こうした受けとめ手の最有力候補が産みの母親であることは説明する必要もないことだろう。子どももまた、生物的な母親が受けとめ手としての母親として登場してくれることを願っている。

ウィニコットは受けとめ手を得た子どもの状態を「子どもは誰かと一緒にいるとき一人になれる」と命題化した。この場合の誰かは、「誰でもいい誰か」ではなく、特定の特別の誰か、受けとめ手であることはいうまでもないだろう。「一人になれる」とは、「ある」が獲得された状態である。

こうして子どもは受けとめ手へ安心して自らを委ねることができるようになる。この受動レベルの信頼が第一次的信頼 reliable であり、受けとめられ体験をたっぷりもらうことによって得たこの reliable という信頼段階を経て、子どもは積極的な他者への信頼 trust への道を拓いてゆく。受けとめ手はこのように二重の信頼の対象として子どもに内在化される。内在化された受けとめ手、言い換えれば絶対の信頼の対象としての誰か。この誰かが内側に一緒にいるなら、子どもは一人、生きてゆける。つまり、「孤独」ではない。この誰かあるいは一緒の誰かを得て、その誰かを思春期までに内部に組み入れることができたなら、人はその先を生きてゆける、そのように思える。

2 受けとめ手がいないことの不幸

だとすると、受けとめ手が「いない」ということが子どもにもたらす現実面での不幸が、どのようなものであるかがみえてくるだろう。

根本的な問題は少なくとも三つある。ただし、三つは個々別々の問題ではなく、一つの問題の三つの側面であり、三つの側面は集まって寄る辺なき状態 unreliable という絶対的な不安――「孤独」を形作ることになるのである。

第一は、自分のためだけに存在してくれる特定特別の誰かの欠如、すなわち受けとめ手の不在がもたらす「孤独」である。この「孤独」は生きられない「孤独」である。[*2]

第二は、内面における善き他者、肯定的他者の不在である。受けとめ手としての母親は、子どもが出会うことになる最初の善き他者、肯定的な他者である。この善き他者、肯定的な他者との関係を原型として、子どもは長じて人間関係を肯定的に構築していくのだが、そうした基本的財産を得られない。そのため濃淡のある（親疎のある）対人関係の作り方がわからないという困難をかかえることになる。特定特別の誰かがいないため、その「誰か」が誰でもいい誰かになってしまうのだと言ってもいいだろう。

第三は対人不信である。受けとめ手に受けとめられ体験をもらっていないため、内部に絶対の信頼 reliable の対象が作られていないことの必然的な投影である。

繰り返せば、三つの側面は集まって寄る辺なき状態 unreliable という絶対的な不安を形作ることになるのである。

加藤智大は、幼いときからこのような寄る辺なき状態にさらされていたことがわかる。

以下は加藤智大の弟の手記が紹介する加藤青年が中学一年のときの、夕食時のエピソードである。後に加藤智大自身の言葉でもう一度紹介することになる。

家族四人の無言の食卓の途中で、母親がアレに激昂し、廊下に新聞紙を敷き始め、そのうえにご飯や味噌汁などその日の食事を全部ばらまいて、「そこで食べなさい！」と言い放った。アレは泣きながら食べた。私は食卓の上の食事を食べながらそれを横目で見ていました。そのとき父は黙っていました。（「週刊現代」２００８・６・28号～）

＊2　欠如ゆえにそこに出現した空洞状態が、特定特別の誰かによって埋められることを激しく求めはじめる。人はこのような空洞を抱えたままで生きることはできないからだ。それゆえ、もしこの欲求、欲動は、満たされることがない場合、言い換えれば、特定特別の誰かを求めて得られないとき、この欲求、欲動は空洞を埋めてくれる代わりの人あるいはモノを求めようとする欲動となって現われざるを得ない。だが、代わりは、所詮、求め願った特定特別の誰かではない。だからといって、願った誰かを得られない以上、代わりを求め続けることをやめることもできない。しかも代わりを得たことがもたらす充足は、一時的なもの、かりそめの充足でしかない。再び空洞状態に直面する。こうして代わりを求める行為の繰り返しが開始される。養育論的に見たとき、依存症の根本要因をここに求めることができる。人はこの空洞にさまざまなモノ、人を常習的に埋め込んで「孤独」に耐えようとする。アルコール、ギャンブル、薬物、買い物、食べ物、盗み、異性、ネット……

加藤智大の弟の目が「アレ」（加藤智大）になされる母親の仕打ちを間近で目撃している場面である。

この場面から知れるように、加藤智大の場合、母親が生物的な母親から受けとめ手としての母親へ移行することに失敗しただけではなかった。加藤智大の悲劇は、受けとめ手が欠如していただけでなく、加えて生物的な母親という最初の他者が迫害者として登場してきたことである。このことによって培われるのは攻撃的で、不信に満ちた他者像である。身構えなければならぬ恐怖と不安の対象としての他者である。

加藤智大の内面に肯定的で具体的な他者像が成立しなかった根因はここにあるのであり、それだけでなく、無差別殺傷事件を発想することの根底に、この被迫害体験を置いて考えたいのである、すなわち生物的な母親による被迫害体験に、加藤智大の激しい攻撃性の本質を見ようとしているのである。

3　加藤智大の芹沢批判

ここまで書いてきたついでに、加藤智大の芹沢批判について触れておきたい。右の記述に深く関連しているからである。

すでに記したように、私が目を通した加藤智大の本は四冊である。『解』、『解＋』『東拘永夜抄』と続き、四冊目に『殺人予防』（二〇一四年）が刊行された。

この四冊目の『殺人予防』は、一冊のおよそ三分の二が、秋葉原無差別殺傷事件をめぐる「有識者」たちの発言を取り上げ、その論旨の非を指摘するという作業に費やされているのである。ここに他の三冊と異なる特徴がある。

文章も文体も、人の論評の欠点を衝くことを目的とした論争的なものになっている。その分、事件にいたる自己の内面と自分のなしてしまった行為の意味を突き詰めるという対自的な作業がいささかおろそかにされた、そんな感想をもった。『解』、『解＋』『東拘永夜抄』の三冊は、もっとずっと対自的であった。『殺人予防』は、その点で、私には前三冊と較べ、内容的に後退したように思えたのだった。

「有識者批判」だから、当然、高岡健と芹沢の共著『「孤独」から考える秋葉原無差別殺傷事件』（二〇一〇年批評社）も、俎上に上せられている。しかし、残念ながら、加藤智大の芹沢批判に、事件の考察を深める上で、成る程と思われるような新たな刺激を受けとることはできなかった。

加藤智大は芹沢の発言を批判して、こう述べている。芹沢らの私（加藤智大）の起こした事件に対する見解の基底に置かれているのは、フロイトの考え方、あるいはフロイト系の考え方である。だが、フロイトの理論はとっくに有効性を失っているのだ、芹沢らはその有効性を失ったフロイト理論の悪影響を受けている、と。

加藤智大がフロイトを一行も読んでいないことは右の言い方からして明瞭である。そのことは措くとして、興味深いのは、このように一蹴しておきながら、一方で、私（たち）の見解に加藤智大がかなりの苛立ちを示していることだ。「不愉快」な感情を露にしてさえいることである。たとえば掲示板における「不細工ネタ」について加藤智大は、自分を不細工とは思っていない、不細工に自分を擬したのはあくまでネタであって、掲示板を面白おかしく活気づけるための手段であったと述べている。

それに対して私（芹沢）は、不細工な自分というのは、ネタである一方で、そのような自己規定をネタとして選択したということにおいて、どこか加藤智大の自己存在のあり方と結びついているのではないか、という考えを提示した。「肯定的な一緒の誰かの不在という一種の内面の空洞化、空洞状態と不細工な自分という自己規定との間に、なにかつながってこないだろうか」という問いを対談相手の高岡健に投げかけたのである（『「孤独」から考える秋葉原無差別殺傷事件』）。

このときの私（芹沢）の見方は、受けとめ手としての母親の欠如がもたらす内部の空洞状態と、不細工な自分という自己規定は引き合っているのではないか、というものであった。高岡氏も、一定のリアリティのある見方として、この仮説を検討に値するものとして、承認している。

こうした私たちの見解に対して加藤智大は、先ほど申したとおり、ひどく腹を立てたのである。

芹沢は、加藤は母親を求めているといっているけれど、私(加藤)は母親など求めていない、また芹沢は、私(加藤智大)が否定した「不細工と事件とを重ねる」ことにこだわっている、それが不愉快だ、と吐き捨てるように書いたのである。

加藤智大のこうした反駁は、腹立ち感情がまさってしまい、少しも論理的ではない。『「孤独」から考える秋葉原無差別殺傷事件』をお読みいただいた方にはおわかりと思うが、私(芹沢)は、「不細工」という掲示板における加藤智大の自己規定と加藤智大の「孤独」とは引き合っているのではないかと述べた。けれども、「不細工と事件を重ねる」などということはまったくしていないのである。

そして、私(芹沢)は、加藤智大の意に反して、加藤智大の無意識が「受けとめ手としての母親」を強く求めていたと思っている。加藤智大にとって現実はどうだったか。母親は受けとめ手としてではなく、迫害者として登場してきた。事件は、受けとめ手としての母親を求めてもそれが叶わぬことの絶望と恐怖と怒り、さらには無力感、言い換えれば寄る辺なさという不安、すなわち「孤独」が深く関与している、これが私(芹沢)の立てた養育論からの仮説であった。

加藤智大は、こうした私(芹沢)の見方にひどく立腹したのである。

私(芹沢)は、加藤智大の呈した、この感情的な反応に非常に興味深いものを感じる。先に記したように、加藤智大は「孤独」を排除し、「孤立」を重要視する姿勢を打ち出した。この論点移動には、意図的と思えるふしがあるのだ。具体的に記せば、事件を養育論つまり母子関係の問題に関係づけて考えることを極力回避しようとする意図が感じられるのである。[*3] そこに加藤智大の私（芹沢）に対する感情的な反発の根因があると想定してみることができそうに思えるからである。

そして、私（芹沢）から言わせれば、加藤智大の『殺人予防』にある根本的な問題は、加藤智大の記述が、「自覚レベル」と「自身にも把握できていない無自覚・無意識のレベル」との間の空隙あるいは落差をまったくといっていいほど計算に入れていないこと、無視していることなのである。私たちは、この落差を念頭におきながら、高岡健は児童精神医学の立場から、芹沢は養育論を視座に、加藤智大の無意識領域に錘鉛を降ろし、意識レベルと無意識レベルの間の距離を測りつつ、両者をつなぐ作業によって事件に至る内面の核心的な基本像を描き出したいと願ったのだった。それが「孤独」の解明なのである。

まして乳幼児期からの母子関係を基底に展開する人間関係、社会関係が直接間接の背景となって起きたのが秋葉原無差別殺傷事件であるという私たちの観点である。だとすれば、無意識の世界を主要な問題にせざるを得ないのであり、そうである以上、この領域を理解するのにもっとも有力なフロイトの理論やフロイト系の対象関係論的な分析家たちの理論を最大限参考にするのは当然なのである。これに対して、加藤智大の行動主義心理学的な解釈は、自覚レベルでしか、事件にいたる自分の心身の動きを見ようとしていない。これでは事件の予防法を表層的にしか提示できなかったとしても当然である。

加藤智大は単独の犯行者であったという点で、確かに事件の唯一の直接の当事者ではある。だが、直接の当事者が、必ずしも事件の最良の解釈者、解説者ではないのだ。無意識が多分に関与する小説や詩の作者が、自分の作品の最良の理解者と必ずしも言えないのと同様に。

自分のなしたことは自分が一番よく知っているという考えは、大いなる誤解であり、思い込みであり、ときに驕りでさえもある。このことへの認識が欠落すると、犯行の当事者が事件の解釈に関する全能者に近い存在になってしまう、この本の加藤智大の「有識者批判」に私が感じたのは、そのことの危うさであった。自分こそが、事件に対するもっとも正しい解釈(「正解」)を握っているという加藤智大の姿勢――これは加藤智大が母親に抱いた絶対者のイメージの投影であった――が露骨に出てしまっている、そんな感じを拭いきれないのは、加藤智大が発散している一種の全能者感のゆえであると思われるのだ。

秋葉原無差別殺傷事件の根本的な解明に関しては、「正解」を握っているものは加藤智大を含め

＊3　元少年Aの書いた手記『絶歌』にも、私はこれと同様な印象を受けとった。元少年Aは、養育論つまり母子関係論に立ち入って、自分の起こした事件の解明を深めようという方向を意図的に断ち切っている。このことは、十分に刺激的で読むに値するこの本を濁りのあるものにしている大きな要因だと思う。元少年Aにはいまや、生きる手段は表現という非在の場にしか残されていない。ぜひ、書き続けて、彼が自らタブー化した母子関係へと言葉のメスを入れた深い記述を、このすぐれた書き手に期待したい(2015・7・18記す)。

て誰ひとりいないのだ。

その点を踏まえて、私が犯行者加藤智大に求めたいのは、事件の全容の解明に向けての作業に、最後まで落伍せずに参加し続けることだ。このとき、加藤智大が果たすべき基本的かつ最良の役割は、徹底した事実の提供者としてふるまうことなのである。

『殺人予防』を読むと、加藤智大の鋭利な頭脳が、事件の解明に役立てられるより、加藤智大自身の事件に関する考え方の「正当化」のために費やされたという印象が濃厚である。「自己正当化」は、私の言葉ではない。加藤智大自身が掲示板上の「成りすまし」らに向けて発した非難の言葉である。「成りすまし」らが、自らの成りすまし行為を反省せず、それどころか正当化したと加藤智大には感じられた。加藤智大の内部はこのとき、「成りすまし」らへの「しつけ」の必要性に鋭く突き上げられたのだった。事件は、加藤智大が「成りすまし」らへの「しつけ」衝動を抑制できなかったところに生じたのだ、そう加藤智大自身が述べている。したがって「正当化」はこのたびの事件のポイントの一つとなる言葉なのである。

「成りすまし」らの自己正当化を許せなかった加藤智大が、自分だけにはそれを許してしまったのである、それがこの本の最大の欠陥である、私にはそう思われたのであった。

第3章 受けとめ手

1 用語の解説

ここまで無造作に、受けとめ手という言葉を使ってきたが、話を先に進める前に、「受けとめ手」という用語についての簡単で、まとまりのある説明をしておく必要を感じる。

なぜ子どもにとって、受けとめ手なのだろうか。答えは、子どもというものの存在形式が、徹底して受動的だからという事実に求められる。

子どもは自己の生誕に、自らの意志や願望をいっさい関与させることはできない、徹底して受身でもって生まれてくる。生まれたこと、すなわちこのいのち、このからだ、この性、この親……何一つ選んでいない。自分の属性、自分を作っている基本的な構成要素のどれ一つとっても強制的に受けとらされたものばかりだ。こうした徹底した受身の存在形式を根源的受動性と呼んできた。

子どもは、根源的受動性ゆえに、生まれたことをはじめとして自己存在のすべてに責任を負っていない。自分の存在に責任はないという子どもの存在形式をイノセンスという用語で把握してきた。養育は、こうしたイノセンスという存在形式として出現した子どもとの出会いをもって開始されるのである。

ここを出発点に最早期の、それゆえ最重要の養育過程における必要なポイントのみを箇条書きにしておこう。このことは同時に、養育論の骨子でもあるのである。

1　最早期の子どもといういのちの基本的欲求は、右に述べた徹底した受動性＝根源的受動性に規定されて表れる。根源的受動性ゆえに、その欲求は受けとめられたいという受身の欲求である。これを受けとめられ欲求と呼んできた。すなわち、子どもの欲求は受けとめられ欲求の表出を初発とする。

2　受けとめられ欲求の表出は受身ゆえに、受けとめてくれる誰かを必須とする。

3　この誰かが受けとめ手であり、受けとめ手がいなくては、表出された受けとめられ欲求は満たされようがない。

4　表出された受けとめられ欲求は二重の充足を求める。一つは欲求そのものの充足であり、これを受けとめられ体験と呼ぶ。受けとめられ欲求の表出は、受けとめられ体験を求めてのものだ。もう一つは受けとめ手である。受けとめられ欲求を表出するためには、受けとめ手を不可欠とする。これら二つの欲求を合わせて、イノセンスの表出と呼ぶことができる。

5　受けとめ手は、特定特別の誰かでなくてはならない。子どもにとって不特定の誰か、誰でもいい誰かでは、子どもの受けとめられ欲求は、不安定にしか充足を得られない。

6　受けとめられ欲求の内実の一つが、受けとめ手を求めることであるということは、子どもの存在形式がイノセンスであるということと不可分である。イノセンスとはこの場合、責任がないという意味である。自分の存在、「いま・ここに・いる自分」に責任がない、だから責任ある誰かを求める欲求であるというように説明できよう。子どもはそのまるごとにおいて、イノセンスの表出体そのものである。

7　このように受けとめ手とは、子どもにとって自分の存在に全面的に責任をもってくれる誰か、特定特別な誰かのことである。

8　このことから、子どもというのち、子どもという存在は、受けとめ手と不可分であることが知れよう。[*1]

＊1　ウィニコットが、母親という概念は単独では成立しない、必ず子どもが傍らにいると述べたのはこの

9　受けとめ手を得て、受けとめられ欲求を受けとめられた子どもは、その受けとめられ体験をベースに、「ある」を獲得してゆく。「いま・ここに・安心して安定的に・自分が自分であっていい」という「資格としての存在感覚」である。

10　こうして子どもは受けとめ手へ安心して自らを委ねることができるようになる。この受動レベルの信頼が第一次的信頼 reliable であり、受けとめられ体験をたっぷりもらうことによって得たこの reliable という信頼段階を経て、子どもは積極的な他者に対する信頼 trust の道を拓いてゆく。受けとめ手はこのように二重の信頼の核として子どもに内在化される。内在化された受けとめ手、言い換えれば絶対の信頼の対象としての誰か。この誰かが内側に一緒にいるなら、子どもは一人、生きてゆける。つまり、「孤独」ではない。

11　この「ある」を基盤に、子どもは個性的に自己を作り始める。

12　その一方で、子どもは受けとめられ体験を軸に自己受けとめの過程を歩み始める。

13　自己受けとめとは、自己肯定のことであり、自己肯定の最終形態、「いま・ここに・ある」自分という存在に対し、自分は責任があるという姿勢である。この地点はしたがって、最初の存在形式である「自分という存在に自分は責任がない」というイノセンスの姿勢の解体された状態である。

14　子どもの自己受けとめ能力は、受けとめ手による受けとめられ体験という基盤がなくしては獲得不可能である。

15　養育の最終目的は、子どもの自己受けとめ能力の獲得である。子どもの主体的な未来がここから開けるのだと思う。

2　自己受けとめ＝責任ということ

以上のことを、責任という視点から、再度、要約しておきたい。

根源的受動性ゆえに子どもは、生まれたことの一切に責任はない、イノセンスである。自分がいま・ここに存在していることに責任のない子どもは、自分という存在に責任のある誰かを要求する。責任があるのは誰か。申すまでもなく、第一次的にはその子の産みの親、生物的な親である。

受けとめとは生物的な親の責任の取り方であり、受けとめ手となることは、その子の受けとめられ欲求の恒常的な受けとめの主体となることを選択することである。受けとめ手を選択すること、繰り返すが、受けとめ手への移行は本能ではない、選択である。本能ならば、生物的な母親

ことである。ウィニコットのいう母親は、厳密に言えば、受けとめ手としての母親のことである。ウィニコットは、ここから母子分離はないというふうに議論を進める。母子分離があるとき、そこには虐待的状態が現れるというのだ。とても重要な指摘である。もう少し、踏み込んだ理解は『養育事典』のウィニコットの項参照。

は誰でも受けとめ手としての母親に移行することができるのであり、そこには例外を除いて養育の失敗ということは起こらないことになる。しかし、養育の放棄、養育の不能という事態は、虐待という姿をとって日常的に生じているのである。そこに本能は少しもはたらいていないのだ。それゆえ虐待に象徴される養育の失敗は、本能のはたらきを阻害する要因に求めることはできない。受けとめ手への移行は本能のはたらきではなく、選択であり、その選択を妨げる要因こそが問われるべきなのである。

こうした選択を、生物的な母親から受けとめ手としての母親への移行という捉え方をしてきた。この移行が子どもの受けとめられ欲求の表出の受けとめを可能にする唯一の道である。受けとめられ欲求の表出が、受けとめ手に受けとめられたとき、そのとき子どもに受けとめられ体験が訪れる。

たとえば、泣けば飛んできて「どうしたの」と声をかけながら、抱き上げて、まずは安心させてくれる。お腹がすいているとわかれば、おっぱいをくれる。苦痛も怒りも悲しみもないとわかれば、そっと放置される。[*2]

これは子どもにとって受けとめられ体験である。こういう受けとめという母性的行動は、生物的な母親(産みの母親)段階にとどまっているかぎり、不可能である。母性は受けとめ手としての母親のその子だけに示す姿勢であり、行動である。本を読んでいても、携帯をいじっていても、たちどころに我が子の泣き声に反応して、立ち上がり、駆けつけるとき、その人は受けとめ手としての母親として行動しているのである。

受けとめ手に受けとめられ欲求を受けとめられているとき、子どもは、受けとめられ体験とともに「母性」をも体験しているのだ。私たちの理解では、「母性」と呼ばれる現象は、生物的な母親から受けとめ手としての母親への移行過程に母親の心身の全体に出現する心的状態である。このような心的状態が、特定特別のその子に対する受けとめの姿勢となって現われる。他の誰でもないこの子の受けとめられ欲求の表出を、受けとめる受けとめ手、その子だけの特定特別の誰かになろうとする姿勢およびその実践となって現われるのである。*3

＊2　ウィニコットは、子どもが泣く理由を四つあげている。苦痛、怒り、悲しみ、満足である。満足（快、よろこび等）を理由に泣いていることがわかれば、母親は子どもを抱き上げずに、そのままにしておいていいと述べている（『赤ちゃんはなぜなくの』猪俣丈二訳　星和書店）。これに驚く（びっくりする）を加えることができる。

＊3　傍らに受けとめ手がいれば、子どもの心は「母性」に包まれる、「母性」で身心をいっぱいにできるので、たとえば子どもは物質的な飢えを耐えしのぶことができる。「寒くてもお腹が空いてても、手を握ってくれる人がいるなら、ぼくは泣かない」（フランス映画『ベルサイユの森』の惹句）。ここにいう「手を握ってくれる人」とは、受けとめ手であり、手を握ってもらうことは受けとめられ体験であることは言を待たない。子どもは、男女の大人がそばにいる場合、大人の女性を好む、「母性」の出現をより多く期待できるからである。

子どもは受けとめられ体験によって、受けとめ手としての母親と一緒に「親子になる」という排他的な道を歩き始めるのである。人生における最高の幸福体験である。こうした排他的な幸福体験こそが、将来、他者との肯定的な人間関係を築くための基底になるのである。このパラドックス！

では、生物的な母親が、生物的な母親の位置にとどまったままの状態で、受けとめ手としての母親への移行がなされなかった場合、子どもの受けとめられ欲求の表出はどうなるであろう。

第一に、子どもの受けとめられ欲求は、表出したものの、受けとめ手を得られないまま、空転するほかはない。空転して、再度、自分に戻ってくるしかない。[*4] なぜ受けとめられ欲求は空転し、自己還帰することになるのか？ その子の受けとめ手を引き受ける者が誰一人現われなかったことによる。その子の受けとめ手が現われないのは、子どもの責任ではない。大人の側の無責任、一方的な都合であり、事情である。この大人の側の無責任、一方的な都合、事情によって、子どもは、受けとめられ欲求の空転と受けとめ手の欠如という、二つの耐え難い事態にみまわれることになる。寄る辺なさという「孤独」の相が露わにみえてくる。

なお、受けとめられ欲求のこの自己還帰のメカニズムは、第5章における「しつけ」事例の検討時にみるように、自己攻撃現象という姿をとって現われることになるのである。後に詳しく見ることになる加藤智大のいくつもの自己攻撃現象は、幼少期の受けとめられ体験の欠如にその根因を認めることができる。

　第二にこの移行の失敗が、虐待的状態を生み出す根因である。生物的な母親から受けとめ手としての母親への移行がなければ、生物的な母親と子どもはいつまでたっても「親子になる」はできないことになるであろう。生物的な母親（産みの母親）はいるのに、受けとめ手としての母親に移行してくれない。受けとめ手としての母親がいない。いつまでたっても二重の親状態が出現しない、こうした状態を虐待的と呼ぶ。


　ここから加藤智大の「孤独」の世界を記述することができる。加藤智大の母親は、加藤にとって二重の親になることに失敗したのである。生物的な母親から受けとめ手としての母親の移行に失敗したことが、加藤智大の「孤独」の根本要因であるという理解にいたる。加藤智大の母親は、生物的な母親ではあったものの、「いま・ここに・いる」我が子の受けとめ手としての母親になれなかったのだ。

　子どもである加藤智大にとって、生物的な母親は「いる」のに、肝心の受けとめ手としての母

＊4　この自己還帰がナルシシズムの機制である。対象（受けとめ手）を失ったリビドー（受けとめられ欲求）は、やむを得ずその対象（受けとめ手）を自分に向けることで、この危機（不安）を切り抜けようとするのである（M・バリント）。

親が「いない」のだ。このような空洞状態は、「いるのにいない」状態として記述できよう。[*5]

受けとめられ欲求の表出すなわちイノセンスは表出され、表出されたイノセンス（受けとめられ欲求）は、受けとめ手によって受けとめられ、受けとめられ体験となって、充足する。この受けとめられ体験と受けとめられ体験を提供してくれた受けとめ手に対する信頼とによって、子どもは、自分の存在に責任があるとみなしてゆく自己受けとめ能力を獲得する過程に入るのだ。それゆえに、こう断言できる。受けとめられ体験なくして、自己受けとめ能力は培われることはない。

加藤智大の根源的な不幸は、母親が受けとめ手としての母親に移行せず、それどころか迫害する母親として登場してきたことにあった。当然、子どもである加藤智大のイノセンスの表出は受けとめられるはずもなく、受けとめられ体験は訪れようもなかった。それゆえ、存分な受けとめられ体験を得て獲得されるはずの自己受けとめ能力の育成を、加藤智大は自己の内部にみることはできなかった。

長じての加藤智大に私たちが見るのは、自己受けとめ能力の薄弱さであり、その背景としてのイノセンスの未解体なのである。

＊5　「いるのにいない」という把握の仕方については、私（芹沢）の独創かと思っていたが、実はウィニコットに依拠していたことを知った（『ウィニコット臨床論文集』岩崎学術出版社）。

第4章
加藤智大のものの考え方

1　事件の三つの原因

意図と結果、原因と結果を結んでいるのが実行（行為）である。意図がなければ行為の実行はなく、実行がなければ結果もない。意図のない実行、たとえば動機なき殺人という行為が取りざたされるようになって久しい。不条理殺人……、A・カミュの『異邦人』を思い起こす。一方、フロイトは『日常生活の錯誤』という秀逸な著作で一見、理由のわからない些細な行為にも無意識の意図があることを明らかにしようとした。夢理論と通底するこの考えに立てば、意図と結果、原因と結果を結んでいるのが実行（行為）であるという命題を捨てる必要はないであろう。

そこで、この章では可能なかぎり実行の問題に照明を当ててみたいと思う。

意図と原因とは異なっている。意図は、行為するものの固有の内面の産物であるが、原因は必ずしも行為するものの固有の内面に帰することはできないものまでが含まれる。[*1]このことは、意図と原因を重ね合わせることで、より実行の問題に近づける可能性を示唆している。この点を念頭に置いたうえで、「原因」の面から事件（結果）に接近しよう。

これまで加藤智大は、意図をめぐって、繊細な言い回しで「人を殺すつもりではなかった」と述べた。意図は「しつけ」であって、無差別殺傷事件ではなかったと述べた（第1章）。しかし、結果は意図に反して無差別殺傷という最悪の事態に至ってしまったのである。

事件の原因について加藤智大は、一審の裁判における被告人質問に答えて、以下の三つを順にあげている（二〇一〇年七月二七日火曜日の一審公判における供述）。
1　わたしのものの考え方
2　掲示板の嫌がらせ
3　掲示板だけに依存していたわたしの生活の在り方
『解』においても、事件の原因として、供述といくらか表現を変えてはいるものの、同じ三点を記している。
1　私が掲示板に依存していたこと

2　掲示板でのトラブル

3　トラブル時の私のものの考え方

両者を見比べるとすぐに二つの特徴に気づく。一つは、原因としてあげられている三つのうち、二つまでが掲示板にからんでいることだ。加藤智大の日常が携帯電話機を握りしめて一時も手離せない状態にあったことを告げている。「わたしのものの考え方」「トラブル時の私のものの考え方」というのは、トラブルが生じたときの対処の仕方のことである。

二つ目の特徴は、「供述」と『解』の記述では事件の原因を並べる順番が違っている点である。「供述」では真っ先に置いた「わたしのものの考え方」が『解』では最後になっているのである。これをもって加藤の中で重要度が逆転したとまで考える必要はないだろうが、それでも注目しないわけにはいかない。

『解』の論理では、三つの原因を右の順番に並べたことの意味はこうなる。携帯依存の状態に

＊1　意図は、原因がなければ生まれない。たとえば好ましくない原因が内と外から関与したとき、その原因および原因がもたらした影響を取り除こうとして意図が浮上してくる。加藤智大にとって、その取り除くべき直接の原因が「掲示板の嫌がらせ（掲示板でのトラブル）」であった。このようにして原因除去への意図が、イノセンスを動力に、警告・実行というかたちをとって表出の機会をとらえたことが伝わってくるだろう。

あるとき、携帯が使えなくなれば、保たれていた唯一の社会との接点である掲示板を利用することができなくなる。このような心配は、機器の機能が正常に保持されることと、携帯使用料を期限内に支払うことで解消できる。ところが、社会と自分をつなぐ生命線である掲示板においてトラブルが起きてしまったのだ。「荒らし」と「成りすまし」の登場である。彼らの登場によってそれまで和やかだった掲示板という場が混乱し、訪れる者がいなくなってしまったのである。掲示板に依存しようにも、依存できなくなったのだ。加藤智大のいう孤立状態が出現したのである。問題は、こうなったときの、自分が身につけていたトラブルの対処の仕方にあった。——

掲示板依存、トラブルによる掲示板依存不能状態の発生、独特なトラブルへの対処法の行使……確かにこの流れで事件にいたる道筋は明快に説明できる。

けれど、養育論に依拠している者の目には、事件が携帯使用以後の、ごく短期の間に起きた出来事として整理されすぎている感じがするのである。私の見方は、加藤智大の受けた養育の帰結が事件であったと思えてならないからである。

養育論は次のように示唆している。トラブルが起きたときの対処法は、幼少期から、母親との関係で身につけざるをえなかったものであること。実際、加藤智大のトラブル対処法は、加藤智大の事件を起こすに至る二五年の人生において、すでに幼少期から繰り返し活用されたものなのである。当然、掲示板のトラブルにおいても、これまでといささかも変わることなく、否、さらに強度を増して用いられたと思われることだ。

また、加藤智大の社会性を、掲示板依存という地上性の希薄な、茫漠とした世界へと狭め、追い込んでいった主な要因もまた、そうしたトラブルの対処法にみなもとを求めていいのではないか。

だとすれば、意図(主に「しつけ」という意図)は、このような対処法そのものと重なって現われるであろうことがみえてこよう。

だとすれば、最初の考察の対象にすべきは、トラブル時に現われる加藤智大のものの考え方である。そのほうが、原因から結果へ、意図(警告)から実行へと行為の起き上がってくる地平をよりよく見晴るかすことができるように思える。私の接近順序は、『解』における加藤智大の意向と逆に、「供述」の順番にしたがうことにしたい。まず「トラブル時の私のものの考え方」。二番目に「掲示板だけに依存していた私(わたし)の生活の在り方」、最後に「掲示板のトラブル」ということになる。

2 「トラブル時の私のものの考え方」

「トラブル時の私のものの考え方」についての具体例に関しては、後に詳細に検討する。その前に、あらかじめ加藤智大の「トラブル時のものの考え方」にある二つの特徴について述べておく必要を感ずる。

第一の特徴は、不思議なくらい自己受けとめ（自己相対化）のはたらきが感じとれないことだ。何より自分の考え方を外から眺めてみようとする意識がきわめて希薄なのである。このような性向の持主は、トラブルにおいて間違っているのは相手であって、自分ではないという姿勢に滑り込んでゆきがちである。そうなると、このときに生まれた相手に対する怒り、腹立ちは容易に、攻撃（反撃）志向へと変容しやすくなる。

第二の特徴は、このような自分には責任はないという論理に支えられた攻撃志向が、自己正当化の表現をとる点である。加藤智大の場合、自らの攻撃志向の正当化は、「間違った相手に対して、心理的な痛みを与えて改心させる」という意図へと結晶する。これもまた、自己受けとめ能力が薄弱であることを物語る事態だ。

加藤智大は、事件の主な要因を、次のような意図にあったと述べている。

心理的な痛みを与え、その痛みでもって成りすましの間違った考え方を改めさせようとしました。（『解』）

ここから右に記した二つの特徴をとりだすことができる。①間違った考え方に立ち間違った行動をとったのは、自分ではなく相手である。②相手の間違った考え方を改めさせるために、心理的な痛みを与えなくてはならない。二つの命題は、結びついて一つになり、加藤智大の犯行実行の論理すなわち意図を形成していることがわかる。加藤智大の養育過程に照らして、トラブル時のものの考え方が、このように二つの特徴の合体となって、展開したのは必然であった。

物事に対するこのような姿勢を、第二章で紹介したイノセンス（自分には責任がない）という言葉で把握し直すと、イノセンスこそが加藤智大の実行の核となったことが了解できる。意図と結果、原因（動機）と結果をつなぐ実行（行為・行動）の動力となるのは、イノセンスであり、イノセンスの表出なのである。

イノセンスを表出しようとする際に作動するメカニズムに簡単に触れておこう。経験的によく知られているように、自己相対化意識が希薄である場合、人は、トラブルによる腹立ちや怒りを、原因をつくったとみなす自分以外の誰かに向けようとする。ここに、加害・被害の二分法が生まれる。この二分法にしたがって、自分をすみやかに被害者の立場に置こうとする。次に、腹立ちや怒りは被害者感情に媒介され、加害者とみなすものへの攻撃性へと転換してゆくことになる。感情と身体は不可分である。攻撃感情の奔騰は人を身体行動へと運んでしまうのだが、このときの論理は、「これから起こることのすべては、私の責任ではない」というものである。[*2]

「心理的な痛みを与え、その痛みでもって成りすましの間違った考え方を改めさせようとする」こと、加藤智大はこのような発想を「しつけ」と呼んだのだった。意図と意図の実行の正当化

＊2　フロイトの「ナルシシズム論」に、この点をめぐってのすぐれた考察があり、とても参考になる。

——この観点を受け入れると、「しつけ」こそが、加藤智大が母親から受けた迫害的な暴力による心身の痛みをとおして身につけたトラブル対処法であり、それはまたイノセンスの論理とその表出そのものであった。

3 「トラブル時の私のものの考え方」はどう作られたか——「しつけ」

『解』以降の『解＋』『東拘永夜抄』の二冊は、内容的に新しいものが大きく付け加えられた印象はそれほど感じることはできないものの、少しずつ視点を動かしながら、自分が起こした取り返しのつかない出来事への自分なりの解明を進めようとしている、そんな加藤の姿勢が見えてくる。「しつけ」は、事件の解明への取り組みの一つとして提出された、加藤智大のトラブル対処法を知るための重要な視点である。

「しつけ」という用語は、『東拘永夜抄』においてはじめて中心的な位置を獲得した。「しつけ」という視点を得たことによって、加藤智大は、事件を実行に導いた自身のトラブルの対処の仕方をよりいっそう明瞭に語ることができるようになったものと思われる。

同時に、この概念が導入されたことによって、私たちにもまた、加藤智大の暴力性がどのような質を有し、どのように形成されたかを確かな手ごたえとともに知ることが可能になったと言えるのである。

加藤智大は、養育過程で母親に受けた迫害＝暴力について、いくつかを例示している。

・母親が料理しているところにちょっかいをかける、という私の間違いを改めさせるために母親は私を2階から落とそうとしました。

・私が母親から九九を教わったのに暗記を間違える、という私の間違いを改めさせるために母親は私を風呂に沈めました。

・私が冬に雪で靴をぬらして帰宅する、という私の間違いを改めさせるために母親は私を裸足で雪の上に立たせました。（『東拘永夜抄』）

さて、私は、右の三つの加藤智大の文すべてに、「私の間違いを改めさせるために」というふうに「私の」を付け加えた。加藤智大の文に「私の」はついていない、「間違いを改めさせるために」とあるだけだ。ここに「私の」を付け加えたのは、「私の」を付け加えることで、母親のおこなった迫害行為の客体を明白に特定するためである。

母親のおこなった迫害行為の客体は、子ども期の加藤智大であることは読めばわかる。読めばわかることに手間をかけるのは、うっとうしいという声があがりそうだ。

しかし、母親のおこなった迫害行為の客体を明白に特定することには、二つの大切な意味があるのだ。

一つは、加藤智大にかぎっては、この迫害行為の客体という問題はそれほどわかりきったことではなかったということ。

二つ目の意味は、この後に論じる「しつけ」の概念を明白にすることに役立つからである。「しつけ」は、特定の身体をもった具体的対象である誰かが自分の外にいなければ成立しない、「しつけ」は、「しつけ」の対象として、身体をもった具体的存在という客体を不可欠としている、この当たり前の事実を確認することができるのである。

加藤智大にとって、この当たり前の事実がいかに当たり前ではなかったかということを、私たちは以下で憮然とするほど思い知らされることになるのである。

右の三つのエピソードに戻ってみよう。これらは、母親によって幼少期の子どもにおこなわれた誰の目にも明らかな迫害行為であり、暴力である。しかし、そのことを除いて考えれば、これらの行為には、加藤智大の文に読み取れるかぎりと断っておく必要があるけれども、一定程度の因果関係を認めることができるのである。料理しているところにちょっかいを出した、その間違いを改めさせるために階段から突き落とそうとした。九九を間違えた、その間違いを改めさせるために、母親は風呂に沈めた。靴を雪で濡らしてきた、その間違いを改めさせるために、母親は裸足で雪に立たせた……。

母親の反応は、不気味な狂気を帯びているものの、因果論的には確かに一貫性が感じられる面があり、まったく意味不明というわけではないのである。

だが、そこにこそ決定的に重要なポイントがあるのである。重要なということは、そのような因果論的な外形を整えたのは実は、加藤智大なのである。「間違いを改めさせるために」というという母親の意図を汲みとった一言を挿入し、自分に対する母親の迫害的なふるまいを、「しつけ」として了解しようとしたのは、ほかならぬ加藤智大自身なのである。加藤智大の手記を読むかぎり、母親自身は自分の行為を「しつけ」だと一言も主張してはいないのである。

断っておくが、母親に「しつけ」の意図がなかったと言いたいのではない。重要なのはあくまで、加藤智大自身の母親の迫害行為への対処の仕方である。

右の三つのエピソードについて、加藤智大は「しつけといえば、しつけなのでしょう。その意味では、私も成りすましにしつけをした、と捉えることもできます」(『解』)と述べている。ここを読むと、加藤智大が「しつけ」という言葉にこめたシニカルな気分が、加藤智大がからだで受けとった痛みと一体となって伝わってくる。同時に、母親の理不尽きわまりない迫害(=暴力)行為を、「しつけ」という教育的配慮の観点で自分に納得させようとしたこと、およびそのことの苦渋も伝わってくるのだ。

いずれの感情を読み取ろうと、私の関心は、「しつけ」という用語が、理解不能な母親の行為に、因果論的な外形を整えることを加藤智大に可能にしたという事実にしぼられている。加藤智大が

「しつけ」という用語を採用したことは、母親のふるまいの理不尽さに、因果の理路を与え、母親の行為の迫害的な印象を弱める効果をもたらしたとみていいだろう。それはまた、けなげなことに、自分が被った母親の暴力に対する、子ども自身による正当化の試みでもあった。自分が悪いおこないをしたから、母親はそれを糾そうとしたのだというように。

加藤智大の心は、自分を迫害し、虐待した母親という実像に耐えがたかったのだ。たんに耐えがたいだけではなく、現に虐待されている子どもにしばしば認められる、このような「虐待する悪い母親」というイメージからの母親防衛の反応には、子どもの内側にもう一つの動機が作用していることが知られている。動機とは、「受けとめ手としての母親」として登場してくれることへのあえない期待である。私は、加藤智大の対母親に対する関係意識においても、少なからずこのような動機がはたらいていたし、いまもはたらいていることを感受する。

これらの動機も含めて考えるとき、「しつけ」という概念を導入したことは、図らずも加藤智大の意に反して、加藤智大の行動に、母親の影響がどれほど大きく深くおよんでいるかを告げることになった。

加藤智大は、最初からこうだったという言い方をしている。気がついたときはすでに、相手に攻撃をしかけ、苦痛を与え、間違った考え方を改めさせようとする行動に出ていた。「私は、遅くとも小学校一年生の時にはもうこの考え方による行動をおこしていますから、これも幼少の頃に母親から受けた養育の結果だということになりそうです」と書いている。

「母親から受けた養育」という箇所が「しつけ」という用語に該当している。「相手に攻撃をしかけ、苦痛を与え、間違った考え方を改めさせようとする行動」が、加藤智大にとっての「しつけ」という用語の内容である。加藤智大は、ここで、母親に「しつけ」られたから、人を「しつけ」ようとするようになったと述べているのだ。この認識は正確である。

遅くとも小学校一年生の時にはもう「しつけ」行動を起こしていたという、加藤智大の自覚から推して、対人関係の生じる幼稚園通園時にはすでに、無自覚的な「しつけ」行動を起こしていたと考えても少しも不自然ではないだろう。

「しつけ」は、言葉以前に行為であり、それは「しつけ」られた者の身体に苦痛としてきざみつけられる。その苦痛の記憶が長じて後の人との関わりの場面で、ある一定のシチュエーションを得たとき、つまり相手の行動に「間違った考え方」を見つけたと思えたときということであるが、よみがえり、不可避的な行為として反復されるのである。

繰り返すと、「しつけ」という言葉は母親が発したものではない。母親は無言であって、その無言のうちにおこなわれた仕打ちを、後年、加藤智大が「しつけ」という言葉で捉え直したのである。注目したいのは、「しつけ」という概念が登場したことによって、母親の迫害行為に潜んでいた、いちじるしく権力的、教育的なモチーフが浮かび上がった点である。暴力の根底に動機としてあった権力と教育こそが、加藤智大が母親の迫害から抽出し、「しつけ」として継承しようとしたものであった。
そして継承された「しつけ」の根底にゆるぎなくあるのは、間違っているのは相手であって、自分ではないというイノセンスの論理である。自己を無謬の位置に置く加藤智大の「しつけ」の論理は、加藤が母親の迫害的な養育を「しつけ」として無謬化し処理しようとしたことと同形である。この点についてはすぐ後に触れよう。

母親が初めて迫害者として現れたことの驚きと恐怖は、想像するに難くない。これに身体的な苦痛が伴うのである。繰り返されるうちに驚きは消えるであろうが、恐怖と痛みはその都度、経験される。それはなれることができない暴力体験であり、それを反撃できずに耐えるには、自分を眠らせるという防衛方法が残されるだけである。[*3] 虐待された子どもの多くが共通に体験する事態と言える。

ところが興味深いことは、加藤の「しつけ」概念においては、間違いを改めさせるために「心理的な苦痛を与える」とのみ述べられているだけなのだ。心理的な苦痛と同時にこうむったはずの、自らの身体的苦痛の経験が加藤智大の「しつけ」概念に見当たらないのである。

このことは、加藤智大の「しつけ」概念には、「しつけ」たい相手の「心理」は見えていても、身体が視野に入っていないのではないかという疑念を抱かせるところだ。相手が身体をもった存在として認識されていないということは、「しつけ」相手を自分の外に客体として据えるという発想が生まれていないことを物語っている。先ほど私は、迫害行為の客体という問題は加藤智大にとってそれほど自明のことではなかったと述べたのは、この点にかかわっている。

どうしてなのだろうか？　ここは少なからず気になるところだ。

明らかにそのせいだと思うが、加藤智大が青年になってから何人もの人におこなおうとした「しつけ」、すなわち誤りを改めさせるという意図をもってとった行動は、まったくといっていいほど効果を上げなかった。理由は、「しつけ」の対象が、客体として据えられていなかったためだ。たとえば「しつけ」相手がAと特定されているとしよう。加藤智大は、間違いなくAに向けて具体的な行動を起こしているのである。それなのに、その行動が肝心なAに「心理的な苦痛」を与えていないのである。これは「しつけ」の失敗以外ではない。失敗の理由は明白である。加藤智大の外に、Aが「しつけ」の客体として据えられていなかったからだ。客体が据えられていないということは、実行された行為の向けられるはずの対象が、意図に反して、拡散してしまうという結果を導くことになる。

客体がないということは、意図から実行までのすべてが加藤智大の主観において完結してしまっているということを意味している。

「しつけ」における客体の欠如、対象の身体性の欠如という特性は、加藤智大のとる行動が自

＊3　これを精神医学は解離と呼ぶ。

滅のメカニズムを組み込んで行く契機となり、ひいては事件の発生にとって大きな要因となったのである。

このことに関連して、もう一点、こだわっておきたいことがある。さきほど、私は加藤智大の「しつけといえば、しつけなのでしょう。その意味では、私も成りすましにしつけをした、と捉えることもできます」という文を紹介した。

この文でまず立ちどまってしまったのは、「しつけ」という言葉を用いることに対する加藤智大の内面のためらいのようなものである。幾重にも屈折し、妙に歯切れが悪いのだ。母親の仕打ちは本来の意味での「しつけ」ではない、それを「しつけ」というのなら、自分(加藤智大)の起こした無差別殺傷事件もまた「成りすまし」に対する「しつけ」であった、というように読み取れるのであり、そのように読まれることを加藤智大が求めているとさえ思えるのである。言葉に独特な繊細さを発揮する加藤智大らしい言い回しだといえば、そのとおりなのだが、読む側にとっては、すっきりしないものがくすぶるところである。なぜなら、「しつけ」という用語は、母親の行為を、迫害や虐待という言葉で把握するのを加藤智大が回避した結果、ようやく見つけ出したものであるように私には思えるからである。

気になる二つ目のことは、「私も成りすましにしつけをした」と加藤智大が断定的に書いたことである。私の感覚では、ここは、「しつけをしようとした」あるいは「しつけをするつもりだった」

という表現になるべきはずのところなのである。しかしそうしたニュアンスを感じとることはできない。加藤智大が言葉の使用法を間違ったのだろうか。加藤智大の文章力からしてここは間違えるはずがない個所であり、加藤智大は自身の認識を正確に言葉にしようとしたのである、そう信じたいのである。

だとすると、加藤智大の事実認識と私の事実認識とは大きくくいちがっていることになる。もう一度書くが、私は、加藤智大が「しつけをするつもり」が「しつけ」に失敗した、事件はその結果であったと理解した。他方、加藤智大は無差別殺傷事件をもって「成りすましにしつけをした」と認識しているのである。それが右の加藤智大の記述なのである。

このようになる理由についての、私なりの理解は、先に述べた。私には、加藤智大の言葉がこのような表現になるのは、加藤智大の「しつけ」の論理が、主観性だけで成り立っていることの必然的な帰結であったと考えるのである。

「成りすまし」は、そもそも抽象的な身体しかもたないネットの掲示板上の存在である。特定しようにも特定不能であるという点で、「しつけ」の対象にもなりにくいし、まして客体にはなりようがないのである。加藤智大は、そのような客体化が絶望的に困難な対象に「しつけをした」のである、しかし、それは加藤智大の主観においてのみであった。

何度も同じことの繰り返しになるが、私の見るところ、加藤智大は、母親から受けた迫害的養育を「しつけ」という言葉で捉え返したのだが、そのようにして把握した母親の「しつけ」と、それを心身の痛みを通して継承して作り上げた自らの「しつけ」概念の違いを、きちんと区別できていなかったのである。

母親の加藤智大への「しつけ」においては、先の例にみるように、「しつけ」の主体である母親の意図は、我が子という客体に向けて正確に実行されている。他方、加藤智大の場合、加藤智大は、自分の「しつけ」の手段は「心理的な痛み」を与えることだと述べておきながら、現実の行為においては、その「心理的な痛み」を与えたい対象が加藤の内側にあるだけで、外側に客体化されていないのである。この違いに加藤は少しも言及していないのだ。加藤智大の「しつけ」の実行が、いちじるしく主観的にならざるを得ない理由の一つがここにあったのだと思えてならない。

加藤智大の究極的で、根本的な誤算は、「しつけ」をしようにも、客体となることのない、正体不明な抽象的存在である「成りすまし」に「しつけ」ができると考えた点である。対象はあっても、その対象を自分の外に明確に客体化し得ない、そんな「成りすまし」に「しつけ」をしようとしたのである。否、加藤智大の内部では「しつけをした」のである。

このとき、「しつけ」の意図は対象の特定化不能という事態を迎えることになる。こういう事態に直面しながら、それを押してさらに、「しつけ」を強行しようとするなら、客体性を失った対象は、無差別的に拡散することを避けられない。私の理解では「しつけ」は、実行以前に失敗を約束されていた。それなのに強行した。「しつけをした」のである。「しつけ」の実行は、無差別殺傷事件というかたちをとって現われた。加藤智大の論理を辿っていくと、このような事件の経過が浮かび上がってくるのである。だが、話を急ぐまい。以後、「しつけ」という言葉を、ためらうことなく使うことにする。

4 言葉がない——母親の「しつけ」の特徴

加藤智大の母親が我が子加藤智大におこなった「しつけ」にはもう一つ大きな特徴がある。言葉がまったくないことである。ここでいう言葉とは、発語である。

たとえば、先の「母親が料理しているところにちょっかいをかける、という間違いを改めさせるために母親は私を2階から落とそうとしました」というエピソードをとってみよう。母親のこうした行動は無言であり、実行はいきなりなのだ。

「母親が料理しているところにちょっかいをかける」という子どもの行為に対して、通常、母親のとる行動には、二つの両極の対応が考えられる。「しつけ」(教育)と「養育」である。

子どもを「しつけ」(教育)の対象とみている母親は、子どものこのようなふるまいを、母親を危険にさらす行為と認識し、矯正の対象とみなすだろう。母親は、加藤智大のいうように、子どもの行為は「間違い」であり、正さなくてはならないという気持ちに駆りたてられるのだ。子どものこのような行為に直面して母親の内部に怒りが生まれ、怒りに促されて母親が発する言葉は、必然的に、「しつけ」（教育）を念頭においた諭しや注意や叱責となるであろう。さらに感情の収まりがつかなければ、注意や叱責は罵声に、それでも抑制ができないなら、折檻に直進するであろう。すなわち、諭しや注意や叱責の延長上に罵倒と暴力の実力行使が加わる。ここに、言葉は生まれても、「しつけ」（教育）の言葉ゆえに一方的であり、双方向的なコミュニケーションの言語となることはない。*4

一方、「養育」の姿勢を身につけた母親は、このような子どもの行為を、かまってもらいたいという受けとめられ欲求の表出とみなす。こうして母親にとってなすべき優先順位が決まる。なすべきことは、諭したり注意したり叱責したりすることではなく、子どもの欲求表出を受けとめることである。なぜなら、子どもの行為は、母親である自分に向けられた、不満の表出であるのだから。子どもの受けとめられ欲求に対する配慮が欠けていたことの結果としての子どもの行為なのである。だとすれば、子どもの行為は子どもの責めに帰すのではなく、母親である自分の不手際である。

具体的には火を止め、「ごめんね」と謝り、抱きしめ、しばらく子どもの相手をすること。しばらく付き合えば、子どもの受けとめられ欲求は充足し、子どもの不満（怒り）は解消するのである。養育の姿勢を身につけた母親は、危険行為の最大の抑止力が、子どもの受けとめられ欲求の充足であることを知っている。このときに生まれる母親の言葉は、受けとめを基本としている点で、双方向的である。

養育の姿勢を身につけた母親は、この程度の子どもの行為を、自分の子どもへの配慮不足を棚上げにして、「しつけ」に値するか否かといった教育的判断にかけるようなことはしない。実際、こうした行為は叱ろうと禁止しようと、これからも起こりかねない質のものだからだ。

教育（しつけ）的対応は、子どもの顔に苦痛の涙をもたらすが、養育的対応は笑顔をもたらすであろう。

＊4　これまで、子ども期に親による「しつけ」を名目とする虐待を受けた何人もの若い人たちの話を聞いてきた。それによると、ほとんどの場合、はじめに激しい罵倒に近い叱責の言葉があり、次いで身体への暴行が続くのだ。むろん、こういう状況では、言葉そのものも暴力と化している。だから暴力は言葉と身体において連続的でかつ一体になっている。それでも、言葉が出てくれば、子どもはそれなりの準備態勢をとることができる。最初に言葉がくるならば、言葉がきたから、次に手が出てくるということが予測できる、そう彼ら彼女らは語る。この点からすれば、言葉と身体の連続的な暴力において、言葉はある意味で「警告」であり、「警告」に「実行」が続くという二段階になっているというふうにも受けとることができよう。加藤智大の犯行も、加藤のいう意味での「警告」と、そして「実行」の二段階になっていたことを想起しておきたい。

加藤智大は、こうした母親の無言のうちにおこなわれる迫害に、自分なりの納得できる論理を見つけ出そうとしたのだった。

加藤智大の母親は、右の二つの対応の仕方から考えると、第一の「しつけ」(教育)の視点に立って、子どもの行為を危険な妨害行動と判定し、怒りの情動を激発させていたことが推察できよう。ただし、特異なのは、こうした場面で、通常なら発せられるはずの、言葉を発していない点なのである。聞き分けのできる年齢にあるにもかかわらず、言葉による諭し、注意、叱責を省いて、いきなり折檻におよんでいる。母親の「しつけ」(教育)意識は、言葉を介在させることなく、直接、行為へと向かっているのである。強い情動が生じていることが推測できるけれど、情動もまた言葉という回路を省略して、直接、行為へと向かっているのである。

思うに、加藤智大は、母親の示した言葉のない激烈な反応を、二つの方向から了解しようとしたものと思われる。

一つの見方は、受けとめ手としての母親を求める受けとめられ欲求の表出が、当の母親によって暴力的に拒絶されたというものだ。幼い加藤智大にとって、母親の行為を受けとめの拒否すなわち愛情の拒絶であると考えることは、あまりにつらく、自分をもちこたえられるものではなかった。母親は自分を嫌っていると考えることは、耐えがたいことであったに違いない。かといって、母親の反応に愛情(受けとめの姿勢)を感じることはできなかったに相違ない。

では、母親の行為の意味しているものはなにか。加藤智大は、もう一つの見方を引き寄せた。

自分の行為は母親への危険行為とみなされ、「しつけ」(教育)の対象とされたというものである。暴力的な仕打ちは、自分の間違った行為を改めさせるために母親がおこなった折檻であるという見方を採用したのだった。『東拘永夜抄』に至って、加藤智大はようやくこれらの理不尽な行為すべてに、「しつけ」という言葉を差し当てることができたのだ。先の三つのエピソードの書き方は、加藤智大自身が「しつけ」という理由づけを得たことの結果なのである。

「しつけ」という解答を出したことによって、母親の行為は加藤智大の中で否応なく無謬性を帯びる。間違っているのは自分(加藤智大)であって母親ではない、「しつけ」されるのは、自分が間違っていたからであって、母親に責められるべき点があるのではない。母親の無言の行為を無謬としたことは、母親の激怒しやすい性格を、絶対的な存在ゆえのそれとみなしてゆくことになる。

そうなると、幼い加藤智大の最大の関心事は、どんな自分のふるまいが、絶対者である母親の「しつけ」の対象となるのかという点に集まっていかざるを得ない。母親という絶対者を前にしたときの、幼い加藤智大の怯え、心身の鋭い緊張と警戒心とを想像しよう。

加藤智大は、子ども期を振り返って、「しつけ」づけの毎日を、こんなふうに書いている。「家での生活は苦痛でした。母親の絶対的支配下にあり、常に緊張し、警戒していなくてはいけません」。

加藤智大は、幼少期に母親によって心身に刻みつけられた緊張と警戒心を、犯行時の二十五歳に至るまで、ゆるめ、ほどく機会はついに訪れなかったと思われる。それどころか、このような鋭い緊張と警戒心が、意図の実行を抑止する内部の力の動きを鈍らせ、硬直させ、殺ぐように作用したものとさえ考えられるのである。

この本の第2章と第3章で、私たちが考える養育論について、子どもに、安心と安定を核にした存在感覚、すなわち「いまここに安心して安定的に自分が自分であっていい」という存在感覚、すなわち資格としての存在感覚を、なによりも優先して提供すること、そのことを基本姿勢にした親子関係のあり方についての理論を指していると述べた。

受けとめ手に受けとめられ体験をもらった状態がもたらすこのような存在感覚を、ウィニコットの用いた「ある」beingという言葉で表現したのだった。「ある」を得た子どもは、自らの個性をその上に開花させていくための基盤を得たのである。「ある」は、一人では作れない。受けとめ手という「一緒の誰か」を不可欠とするのである。

では、加藤智大の「ある」の感覚はどうであったか。

加藤智大は母親の養育論的な献身や没頭（我が子大事で夢中になること）つまりは受けとめられ体験をまったくといっていいほど、経験してこなかった、そう断言していいだろう。このことは、

「いまここに安心して安定的に自分が自分であっていい」という資格としての存在感覚、「ある」の感覚を、幼少期の加藤智大は母親との間で一度たりとも体験したことはなかったということを意味する。

ほんらいならば、子どもを視点に考えると、母親という存在は子どもの受けとめ手として登場してくるはずである。生物的な母親が受けとめ手としての母親となることによって、子どもは母親を、自分にとって絶対の安心の対象、絶対的な信頼 reliable の対象に育てていくはずである。「ある」の形成される過程にこのことは不可分にともなっている。

加藤智大の根本的な不幸は、母親が一度たりとも受けとめ手としての母親として登場することがなかったことだ。加藤智大の前に母親は、まったくの無言のまま、激怒し、暴力をふるい、自分を迫害する存在、「しつけ」（教育）する存在として登場してきたのである。

同じことを何度も繰り返したい。ウィニコットは「ある being」という言葉を用いる。「いまここに安心して安定的に自分が自分である」という同一性の感覚、「いまここに安心して安定的に自分が自分であっていい」という同一性の肯定感覚、資格としての存在感覚のことである。加藤智大には、その「ある」が欠如していたことは明らかだ。「ある」は、「一緒の誰か」すなわち受けとめ手とともに作られる。安心して寄りかかれる存在である受けとめ手による受けとめられ体験があって、受けとめ手に対する絶対の信頼 reliable が生まれる。こういう経過をたどって「ある」は作られる。

加藤智大には、このような「ある」を作っていくための「一緒の誰か」、受けとめ手がいなかった。そのような「一緒の誰か」がいないということは、加藤智大が「孤独」であったこと、その寄る辺なき状態においてやすらぎと無縁であったということでもある。提供されるはずの安心と安定の代わりに、加藤智大をみまったのは、迫害に怯え、二四時間、不断の緊張と警戒心に身を硬くすることを強いられるという不安に満ちた事態であったのである。

迫害者による暴力が無言のうちにふるわれるとき、言い換えれば暴力の始まりの時点に言葉がないとき、言葉のない分、迫害される者は暴力に対し気持ちの準備が遅れる。言葉もなく、表情の変化も読み取れないとすれば、迫害者の行動に対し、迫害の対象となった者は呼吸を浅くし、不断の緊張と警戒心をはりめぐらしていなくてはならない。こうした休息感のまったき欠如は、加藤智大の人生につきまとって離れなかった。

先ほど「実行をなぜ思いとどまることができなかったのか」という問いを立てた。その主な要因の一つに、不断の緊張と警戒心をあげた。弾力性の乏しい加藤智大の心身。このような心身は、次章で詳細に述べるように、直接には母親の「しつけ」が作ったのである。[*5]

緊張と警戒心でいっぱいの弾力性の乏しい加藤智大の心身、同じことだがやすらぎの欠如は、寄る辺なき状態という不安、「孤独」へと収斂していく。「孤独」こそが加藤智大の生涯の友であったのだ。

＊5　ここで母親ばかりが責められて、父親の責任はどうなっているのだという疑問が必ずと言っていいほど出される。このような問いには、とりあえず、次のように答えておきたい。まず、子どもにとっての母親の重要性について問題にしているときに、父親を持ち出して問題点をずらし、議論の所在を曖昧にすることは、許されることではないだろう。このことを踏まえて次のことは言える。親子関係は、夫婦関係のあり方に大きく影響される。良好な夫婦関係にあるとき、それだけで子どもは安心し、安定するものだ。加藤智大の両親は、良好な夫婦関係を形成することができなかった。母親の子どもへの迫害的な対応の背景に、不仲で不安定な夫婦関係があることは否定できないだろう。この一点をとってみても、父親の責任は大きい。父親が直接、幼少期の加藤智大に迫害的行動に出ることはなかったということを理由に、父親を免責することはできないのである。

だが、そのような理由をもって、母親の子どもへの迫害的対応を正当化することは許されない。養育論にとって、ここがポイントだが、幼少期の子どもにとっては、母親が第一義的存在であること。それゆえに、母親の対応がすべてと言える時期はあるのである。母親の不機嫌の理由がどこにあろうと、子どもは自分にとって第一義的な存在である母親の心身が安定的でなければ、たちまち不安にさらされることになる。子どもは一歳の半ばをすぎるころになると、母親の表情をうかがうようになる。子どもは母親の笑顔が大好きである。子どもは母親の笑顔を求め、探す。生きるための基本的な糧、希望だからである。不機嫌な顔は生きるための糧にはならない、それどころか、子どもに不安を植えつけることになるのだ。

第5章 相互に一方的な通交

I 「させる―させられる」

「しつけ」は、一般的に「する」主体と「される」客体の二極的な権力構造をもっている。「する―される」は、現実場面では「させる―させられる」という形をとることになる。加藤智大は、自分に向けられた母親の迫害を、こうした「しつけ」関係であったと了解しようとした。

「しつけ」という意図をもった行為においては、主体―客体の位置関係は絶対的に不動である。間違いを犯すのはいつも子どもであって、その間違いを改めさせようとして、子どもに、痛みを与えるのは親である大人だ。この位置関係が反転するなどということは起こり得ないのである。口答えや手向かいはさらなる懲らしめや罰の対象とされる。

加藤智大はすでに小学校時代に、教室におけるクラスメートらの行動に、間違いを見出したとき、容赦せずに改めさせるための行動に出たと述べている。むろん「しつけ」の主体は加藤智大であり、その客体となるのはクラスメートであった。

学校では私はクラスメートらを「しつけ」しました。世界は加藤家によって支配されているのであり、母親が「将軍様」なら私は「小役人」で、クラスメートらは「市民」です。間違ったことをしているクラスメートらに対して、私は殴り、ひっかき、蹴とばし、物を投げ、睨みつけ、怒鳴り、知っている限りの暴言を吐いて「しつけ」しました。母親から教わった通りに、です。(『東拘永夜抄』)

「母親から教わった通りに」という記述には、以下の三つの意味が内包されている。

一つは、加藤智大がかなり早期から、自分と同類の子どものあらゆる行動を、「しつけ」の要不要という観点で見る習慣を身につけていたということ。そして、要『しつけ』と判断したときは、容赦なく「しつけ」の実行に乗り出していることだ。

二つ目は、加藤智大は、自分がこのような「しつけ」の主体となる権利を母親から移譲されていたと思い込んでいたことである。その理由は二つある。一つは自分が「しつけ」の客体であることによって、である。もう一つは、世界を支配する「将軍様」である母親という絶対的権力者の自分は「小役人」であるという認識である。だとすれば、自分が権力を代行するのは、当然である。自分の目は母親の目、自分の判断は、母親の判断である。それゆえ、自分が「市民」であるクラスメートらの行動に「しつけ」の必要ありと判断した以上、「小役人」である自分は役割として、「しつけ」を実行しなければならないという意識である。

最後が、「市民」に対する「しつけ」に問答は無用であるということ。「しつけ」相手に理をつくした言葉は不要であるということだ。こうして加藤智大は、クラスメートの前に怒鳴り、知っている限りの暴言を吐く迫害者として登場したのだった。ここは母親の無言と対照的である。

加藤智大は、これら三つの権力性を自分に向けられた母親の「しつけ」から教訓として受けとり、身につけたのである。

以下は、加藤智大自身が記した小学校低学年の頃の、とある夏休みの一日である（『東拘永夜抄』）。ここを読むと、子どもである加藤智大のあらゆるふるまいが母親の「しつけ」の視線を逃れることができなかったことがわかる。

7時00分

起床。
7時30分
朝食（ご飯、みそ汁、おかず3品、ヨーグルト類1品）。
8時00分
小刀またはカッターナイフで鉛筆を削らされる。芯を折られて、何度もやり直させられる。
9時00分
自室で勉強（ドリル等）。
10時30分
服のサイズ合わせのために買い物に連れていかれる。私が「あれ着たい」と言ったものを「なんでそんなものを！」と却下される。
12時00分
父親の部屋でマンガを読んでいたことに対して、昼食抜きの「しつけ」をされる。
12時30分
リビングで宿題（作文）。何度も書き直させられる。
14時00分
とうとう私が泣き出すと、それに対して、屋根裏に閉じ込める「しつけ」をされる。
17時30分

夕食（ご飯、みそ汁、おかず4品、フルーツ1品）。私が食べるのが遅いことに対して、食べかけを広告チラシにあけられる「しつけ」をされる。さらに、私がそれを食べられないことに対して、それを口に詰め込まれる「しつけ」をされる。

18時00分

リビングで宿題（作文の続き）。ひたすら書き直させられる。なお、この頃に帰宅した父親はひとりで夕食をとり、その後は母親から自室に追い払われた。

21時00分

机とベッドしかない自室で、就寝。

さまざまな感想が湧きだしてくるのを抑えきれないのは、私だけではあるまい。そのいくつかを記してみよう。

・加藤智大は、母親の行為が「しつけ」であることを明示するために、「させられる」「削られる」「やり直しさせられる」というように、正確に言葉を使っている。

・朝八時からの鉛筆削りはずっと九時までやらされている。ギリシャ神話にあるシジフォスが神に命じられた無限に繰り返される徒労行為を思い出すほどだ。強いられた苦行は虐待である。

・きっちりとした時間配分、あわせて、子どもをつきっきりで監視している感じがして、母親の性格にひどく偏執的なものを感じる。

・父親が子どもから遠ざけられている。
・夫婦仲が非常によくない。
・子どもに、自由時間は確保されていたのだろうか。加藤智大はいつ遊んだのだろうか、実際、加藤智大はクラスメートと遊んだことはないと述べている。
・総じて、子どもの自我が主体性を形成するために不可欠な自発性、自主性、子ども同士の間の言葉とからだを用いた全身的で、双方向的な交流時間が徹底的に奪われていたのではないかということが推測できる。

こうして加藤智大は、母親の「しつけ」に黙従する姿勢を身につけていく。「耐えても良いことはありませんから、先のことを考えるのはやめました。考えるのがつらいので、過去を振り返るのもやめました。『自分』を殺し、母親の意向に従うだけです」、そう『東拘永夜抄』は書いている。

右の一日の時間表からさらにもう一つ、強烈な印象がやってくる。それは、食事をめぐる母親のちぐはぐな行動である。

母親は子どもの食事をきちんと用意している。朝おかず三品、夕食のおかず四品、デザートもついている。昼食についてのメニューの記述はないが、それなりの食事が用意されていたことは確かであろう。だが、せっかく子どものために用意されたはずの食事が、子どものための食事になっていないのである。昼食は抜かれる、夕食は広告チラシにぶちまけられる。食事を子どもに供するという母親としての役割は中途で放棄され、子どものお腹にしっかりと収まっていないのだ。ちぐはぐだと書いたのは、その点である。

だが、こうしたちぐはぐさは、母親からすれば一貫しているということになる。三度三度用意する食事は、母親の気持ちを汲んで行動する「いい子」のためのものなのである。要するに、子どものためのものではなく、「しつけ」のためのものになっていたのである。比喩的に言えば、赤ちゃんにおっぱいを見せておいて、母親にとって必要な条件を満たせない場合、おっぱいをしまってしまい、赤ちゃんに含ませないという行為に出ることと同じである。*1

以下は、私がじかに聞いた、母親に虐待されて育った女性の話だ。結婚して子どもが生まれ、子育てが始まった。自分は親に「しつけ」でつらい思いをさせられたので、我が子にはそんな思いをさせたくない、「しつけ」など考えずにのびのび育てたい、そう決意して子育てに臨んだ。ところが、子どもが成長するにつれ、はじめの決意が揺らぎ、崩れてきた。我が子の一挙手一投足に、親である自分の意向と違う自発性が感じられるようになると、許せないという気分が頭をもたげてきたのだ。自分にはこんなわがまま、自由の余地はなかったという怒りがこみあげてきた。ついに感情を抑えきれずに、子どもを叩くということが始まってしまったというのである。*2

この話に、加藤智大の母親の、幼少時の育てられ方を推測的に重ねてみたくなる。口答えすることを禁止され、自発性を矯められて育った加藤智大の母親は、加藤智大の自発性が許せなかっ

＊1　おっぱいという視点からみるとき、「しつけ」とは、おっぱいを「する」において使用することである。一方、養育はおっぱいを「ある」の形成を第一義として使用する。ウィニコットによると、おっぱいの機能は二つある。男性的なはたらきと女性的なはたらきである。男性的なはたらきは、「する」である。その子どもへの最初のはたらきは授乳である。授乳は、子どもにおっぱいを飲ませる行為であり、それは子どもに食事を供して食べさせるという行為へと延びてゆく。おっぱいの女性的なはたらきは、「ある」を作る。言い換えれば、おっぱいの女性的機能の本質は受けとめである。子ども本位のおっぱいの使用法である。

「ある」を無視したおっぱいの男性的機能の行使は、母親による自分本位のおっぱい使用の傾向を生み、それを強化していきがちである。おっぱいを受けとめにではなく、「する」「させる」を軸に使用することになり、その先に「しつけ」や「教育」に利用するという、親本位、大人本位のおっぱいの権力的な使用法が全面化していく（『養育事典』「おっぱい」の項参照）。

＊2　殴られて育った子どもの話を聞くと、子どもはなぜ殴られたのか、その理由をわかっている場合は、ほとんどないことが知れる。ということは、「こういう理由でもって殴られた」という理解の仕方を子どもはしないということだ。ただ殴られた痛みだけを驚きと恐怖とともに体が覚えてしまう。殴られたことだけを体が覚えてしまうから、子どもは大人を恐怖するようになる。そして殴られた子どもは親になると、自分が親に殴られた場面と同様な場面に遭遇したとき、反射的に子どもを殴るという対応に走りがちになるのである。親の殴る対応を体が覚えてしまう、それゆえに、自分がされたことがそのまま自分の子どもへの対応へと反復、転移するのである。

たのだ、というように。勝手に父親の部屋に入ってマンガを読む、服に関しても「あれ着たい」と自己主張する。我が子の自発性、自己主張こそが、母親にとって真っ先に叩き潰さなくてはならない敵である。なぜなら、それらは幼少期の自分が望んでも叶えられなかった最大のものだからである。

加藤智大は、「あれ着たい」と言ったものを「なんでそんなものを！」と却下されたというエピソードを記しながら、朝、登校時に「これ着ていこうかな」と思って、自分が着ようとした服を無言で母親に投げ捨てられたという苦い経験を思い出している。加藤智大は、着衣について、自発性という「間違い」を犯したのだ。何度選び直しても、みな捨てられる。だったら母親が「これ」と指示するものを、黙って着て行くしかない、そうしているうちに服への興味が無くなった。だから、たまにお洒落がしたくなっても、着たい服がわからない。ファッションの話になると、爆発しかねない、一種トラウマチックな弱点になった、自分の「地雷」になったと述べている。

夕食時にされた「しつけ」に関しては、食べるのが遅いという「間違い」が理由だったと、加藤智大は解釈している。食べるのが遅い子どもを見て激怒した母親は、食器に残っていた食べものを全部広告のチラシの上にぶちまけた。空になった食器を母親は流しへ運んで洗った。洗い終え戻ってくると、子どもはまだ食べ終わっていない。今度はチラシの上に残っている食べ物を口の中に強引に押し込むのだった。

2　「正解」を探す

母親のこうした凶暴な仕打ちを、加藤智大は「無言の攻撃」という言葉を使って表している。「無言の攻撃」の意味がしだいにわかるようになってきたと述べる。意味がわかるということは、ある程度、適応ができるようになったということである。

適応の仕方を加藤智大は次のように書いている。「無言の攻撃」を受けると、まず自分が悪いからだと判断する。だから親に謝る。すぐに「ごめんなさい」と言ってしまう。それから何が悪かったのかを考える。一体自分のどこが、何が悪かったのだろうか、その理由（原因）を考えるというのだ。

私は相手に無言の攻撃を受けると、それは自分が悪いからだと考え、その意味をおおよそ読み取り、自分の間違いを改めてきたからです。（『解』）

母親は正しく、自分は悪いという発想から始まるこうした間違い改めの過程は、どんなに主体的な思考の行使のようにみえても、奴隷の態度である。

加藤智大が主体的に言葉を獲得していくことにつながることは決してないということだ。加藤智大が努めたことは、絶対的な主人である母親に代わって、母親の「無言の攻撃」の理由を、無言で探すことだった。つまり黙々と母親の「しつけ」に意味を見出そうとする作業である。少し前に「しつけ」に黙従する姿勢と記したが、この隷属的な黙従の姿勢は、以下の点で、加藤智大に独自のものであった。

母親に代わって、母親の「無言の攻撃」の理由を探すこと、加藤智大はそれを、母親の「正解」を探すことだと述べている。自分の間違いを自分で勝手に判断して改めるのでは事がすまないのだ、間違いは、母親の握る「正解」からの逸脱として位置づけられるのである。母親の「無言の攻撃」は、加藤智大にとって言わば切実な試験問題と化していたことがわかろう。試験問題の答えは、母親が握っている。だが、母親は、その「正解」を言葉で表さない、無言である。しかも「正解」と異なる「間違い」を選択してしまったとき、母親は無言のまま、何度でも攻撃してくるのである。そういうふうにして私の「間違い」を正してくる、そう加藤智大は解釈したのだ。

「無言の攻撃」があるときは、自分が間違えたのである、ではどうふるまえば「正解」に至りつけるのか……、急いで探さなくてはならない。「しつけ」という用語は、すでにこうした子ども期の「正解」探しの中に宿っていたことが知れよう。

先ほどの例の、九九が間違ったから風呂につけられたとか、靴を雪で汚してきたから雪の外で立たされたとか、食べるのが遅いから食べ物を広告のチラシにぶちまけられた、といった因果論的理解に達したということは、加藤智大が彼なりに「正解」に辿りつけたことを告げている。

宿題の作文における「正解」探しは、絶望的に難しい。「間違い」を連発し、何度も書き直させられ、それでも「正解」に辿りつけず、とうとう泣き出すと、今度は屋根裏に閉じ込められた。屋根裏に閉じ込められた理由の「正解」は、そう難しくない。子どもである加藤智大が「正解」に辿りつくことができずに、泣いたからである。泣くという間違いを犯したからである。

選んだ服を無言で投げ捨てられるといった「しつけ」に関しても、加藤智大は『正解』に辿りつけていない。いくら試みても失敗ばかりという現実が、心に傷痕を残したと述べている。おそらくは、何度でも選びなおさせるという母親の「しつけ」は、先にも記したことだが、加藤智大の服の選択に母親が自主性、自発性をみてとったことによって、おこなわれたのではないだろうか。自主性、自発性は、とりもなおさず、母親の意向や意図に対する反抗であり、許されるものではなかったのだ。そう考えてはじめて、ファッションがトラウマになったという加藤智大の発言に納得がいくのである。

自発性を「間違い」として潰された加藤智大には、母親に向けて「どうして?」「なぜ?」と問う姿勢は生まれようがない。問い自体が反抗であり、抵抗だからだ。それゆえ、ひたすら「正解」を握る絶対者に無抵抗のまま、自分の間違いを探している。この姿勢に、長じて後の加藤智大にみられるいちじるしい自虐的傾向の芽をみとめることができるだろう。

一つだけ大切な疑問が残った。加藤智大の母親は、自分の「無言の攻撃」に対する我が子のこうした「正解」探しという対応に、どんな反応を示したのだろうかという疑問である。これについては、手記は一言、「無視」と記している。「正解」にたどりつけたことで褒められたり、頭をなでられたり、笑顔を贈られたりしたことがなかったということだ。

もし、「正解」の度ごとに、ご褒美に笑顔の一つも母親から贈られていたら、そう養育論的視点は想像する。後年の加藤智大は違った加藤智大になっていたのではないか。このような仮定は、養育論的視点に立つとき、とても重要である。母親の笑顔一つが、子どもが将来に直面するであろう重大な岐路において、決定的な作用をする場合がある、そう養育論は考えるからだ。

経験的に言っても、遅くとも一歳の半ばを過ぎた子どもは、母親の不機嫌な顔を嫌い、笑顔を好むようになる。どうしたら母親の笑顔を引き出すかを考えるようになっていく。それゆえ、大げさでもなんでもなく、母親にもらった笑顔が悪をしりぞける力になるのだ。

だが、我が子加藤智大のたどりついた「正解」に対する母親の態度は、「無視」であった。それも、わかっていての意図的な無視ではなく、むしろ無関心に近い無視ではなかったろうか。徹底して自分本位、自己感情本位であったと思える点から推して、無関心は必然であった。そして、このような無視とは、通じていないということでもあるのだ。

3　相互に一方的な通交

無関心という言い方を異なる角度から捉えなおすと、母子の間における、「相互に一方的な通交」という特異な関係性がみえてくる。

相互に一方的な通交とは、お互いの思いが通じない、通じていないということである。「しつけ」にみてきたように、親子という一体的な関係にありながら、一方は「させる」主体としての主人、他方は「させられる」客体としての奴隷としてのみ、登場してくるという通交関係がその典型である。主人は奴隷の気持ちなど配慮しない。こうした相互に一方的な通交関係に拍車をかけたのが、言葉の欠如であった。言葉が通交に介在していない場合、通じることは、いっそう困難になる。

加藤智大は、手記を書く過程で、自分の人生に、口喧嘩の経験がなかったことに気がついて、愕然としている。口喧嘩は夫婦、親子、恋人、友人など親愛的関係にある間柄において生じる場合、ときに率直な感情をともなった双方向的なコミュニケーションの一つである。双方向的なコミュニケーションであるゆえに、口喧嘩は、二つの自我の衝突であると同時に衝突の解消のプロセスになることがめずらしくないのである。だが、加藤智大は口喧嘩を知らなかった、と述べている。それほど、親子関係が疎遠であったということだ。

人生を振り返っていて、私にはこの口喧嘩というプロセスが無いことに気づきました。いつもいきなり無言の攻撃でしたから、それでは通じるはずはありませんでした。

その通じるはずがないことを何故私がしていたのかというと、それは、自分自身に対してはそれが通じていたからです。つまり、私は相手に無言の攻撃を受けると、それは自分が悪いからだと考え、その意味をおおよそ読み取り、自分の間違いを改めてきたからです。……私に対して誰が無言の攻撃をしていたのかというと、主に母親です。……客観的に考えて実際そうなのです。……ですから、「通じていない」のではなく、「無視されている」とばかり考えていました。(『解』)

加藤智大は、感情を極力排して書いているが、やはり文章の行間に悲哀や無念の思いがにじむのを隠し切れていない。

「無言の攻撃」という、通じるはずのない迫害行為を、「しつけ」とみなし、何をどう改めたらいいのか、その「正解」を探そうとすることばかりに腐心してきた。そのような黙従によって、ほんらい通じるはずのないものを自分に通じさせてしまった、というのだ。

では、「無言の攻撃」の主体である母親に、客体である加藤智大の無言の「正解」探しは通じていたのだろうか。何度も記すが、通じていなかった。

悲劇は、無言同士のこの「相互に一方的な通交」を、加藤智大は、無言であっても相互的である、したがって通じていると思い込んだことである。母親には自分が改めたことは通じている。母親は改心した自分をわかっていて無視した、そう考えていたのである。だが、繰り返せば、無視ではなく、通じていなかったのだ。

「荒らし」や「成りすまし」への警告についても、この発想がそのまま応用されたことが理解できよう。加藤智大は、「荒らし」や「成りすまし」が、「警告」を無視したと判断したのである。通じていないなどとは、思いもしなかったのだ。

加藤智大は、こう言いたいのである。「無言の攻撃」の攻撃を加えられて自分は、そこにこめられた意図を理解できたのだから、立場が変わり、自分が「無言の攻撃」を加えても、加えられた相手にその意図は通じるはずだという思考法が、母親との間の「相互に一方的な通交」という関係によって、それを受け容れざるを得ない過程で、作られてしまったというのである。

そうした思考法の特徴の一つが、自分流に一方的に相手の行為の意味を読み取ろうとしてしまう、解釈しようとしてしまう傾向となって現れた。自分の怒りや腹立ちの理由、それにもとづいて起こした行動の理由を、怒りや行動を向けた相手もわかっているはずだ、通じているはずだというふうに、当然のごとく思いなしてしまう思考法。これが、いわば客体の喪失――ということは主体の喪失でもある――という事態を生み出すみなもとになったのである。

加藤智大の思考法の生み出した特徴の二つ目は、被虐的な性癖の獲得である。母親の暴力を「しつけ」と解釈する、その心意の中にすでにマゾヒズムは宿っていた。こうした被虐的な性癖が、加藤智大が掲示板で自己を売り込むときの特徴となっていたと思えてならないのだ。「不細工キャラ」「自虐ネタ」という、掲示板上で自分を打ち出してゆく際の姿勢に投影されることになったのではないか。不細工な自分は彼女が出来ないというように、自らを貶める、そのような被虐性をベースに話題づくり（「ネタ」）を展開していったのではないだろうか。さらに言えば、マゾヒズムは、しばしばサディズムに反転する。被虐性（自分への怒り）はいつでも加虐性（他者への怒り・攻撃）へ転じる、この点にも留意して置く必要があるだろう。

三つ目は、自滅の衝動、自滅の論理を引き込んだことである。自分の相手への「無言の攻撃」が自らを滅ぼす行為になっていることだ。この攻撃の自己還帰《ぶーめらん》現象については、次章で詳しく検討したい。

あらためて、加藤智大と母親は、母子でありながら、養育という豊穣の地を遠く離れ、「相互に一方的な通交」とも呼ぶべき絶望的に不毛な荒野を、二人して「孤独」に歩んでいたことが見えてくるのである。

第6章
自滅衝動と他者という客体の消失——トラブルの対処の仕方

この章では、加藤智大自身がおこなった「しつけ」の実践例を紹介し、その「しつけ」が自他に何をもたらしたか、という点について検討してみたい。

確認しておくと、加藤智大にとって「しつけ」とは「相手に心理的に痛みを与えることによって、間違った考えを改めさせる」ということである(『東拘永夜抄』)。「心理的」な痛みとは、私なりに解釈すれば、加藤智大がある対象に向けて「無言」のうちにとった「しつけ」行動が、その対象の心に与えるはずであった反省意識のともなった打撃のことであるということになろう。

もう一つ、「しつけ」には重要な意味がある。「しつけ」は、加藤智大のトラブルの対処の仕方の基本であったということである。したがって、この章は、加藤智大のトラブルの対処の仕方の実例でもあるのだ。

あらかじめ検討結果の概略を明記すると、こうなる。「しつけ」は、加藤智大の意に反して、皆目と言っていいほどトラブルの対処としての効果をあげなかった。それどころか、相手の心に痛みを与える目的でとった行動のすべてが、無残にも、加藤智大自身へと逆戻りし、自らの生存の基盤を突き崩すという事態をもたらすことになったのである。

「しつけ」には、自滅への回路が内在化されていたのだ。特定の対象を「しつけ」ようとすればするほど、加藤智大のとる行為のすべてが、加藤智大自身を損ない、自滅への斜面へと導いていったのである。このような自己還帰現象《ぶーめらん》に注目したい。そうした自滅現象は、ときに自殺企図へと突き詰められて現れたのであった。

以上のことを念頭においたうえで、加藤智大自身によって提示された事例の検討に移ろう。

1　親子間におけるトラブル対処法としての「しつけ」

事例①

加藤智大は中学を卒業し、進学校である県立青森高校に進んだ。母親の出身校でもある。母親の我が子への期待は、県立青森高校から北大の工学部へという道を進むことであった。だが、高校在学中、車に興味を持った加藤智大は、自動車関係の仕事に就きたいと思いはじめていた。それゆえ、母親に相談することなく、自動車関係の短大へ進んだのだった。

自動車関係の短大への進学をめぐり、『東拘永夜抄』は、その内幕を次のように記している。中学時代に母親は「大学に入ったら車を買ってやる」という約束をしたので、進学校に進んだ。だが入学後に、機械工学を修めて自動車メーカーに就職するという希望が生まれた。そこで母親に、「進学先が北大でなくても、他の大学の工学部ならば、車を買ってくれるのか?」と確認した。ところが母親は、そのような約束をした覚えがないと拒絶した。腹を立てた私（加藤智大）は、母親に断ることなく、大学進学を放棄し、岐阜にある中日本自動車短期大学に進路変更した。――

加藤智大は進路変更した理由を、約束を反故にするという間違った考えをもつ母親に、「しつけ」をしたのだと述べている。母親は「大学生の息子の親になる」という夢を潰された心理的な痛みから、態度を改めるだろうという意図に発した行動であったというのである。だが、こうした意図は母親に通じなかった。「しつけ」は効果を得られなかったのだった。

「コメント」

1　まず、親子の間での約束について。多くの親は、その場しのぎのために口約束をする。その場しのぎだから、言ったことをすぐ忘れてしまう。けれど、子どもは覚えている。子どもは親の言葉を信じる。親がそうした約束を忘れ、忘れただけでなく裏切るとき、親への怒り、不信感が醸成され、親子のトラブルに発展する要因となる。

2　養育論の教えるところでは、根源的受動性ゆえに無力である子どもは、自分自身に損害を与えることでしか、親への怒り・抗議の気持ちを表すことができない。自分の唯一の持ち物である体を傷つけ、あるいは自分の心の持ち物である夢や希望を破棄することによって、トラブルを処理しようとするのだ。親はこの子どもの怒り・抗議、ときに抵抗の仕方にいくら敏感であっても敏感すぎるということはない。逆に親がこのことに鈍感である場合、子どもは、自己を損なってでも目的を果たそうとする自滅のメカニズムを内在化させ、それを自己のトラブルの対処法（性格傾向）として組み込んでしまうことになりかねない。加藤智大の「しつけ」行動に繰り返し現れてくるのは、このパターンである。突き詰めれば、第2章で述べたように、受けとめ手の欠如、受けとめられ体験の欠如の結果としての自己受けとめ能力、すなわち自己肯定の能力の未形成に起因する問題として理解できるのである。

3　加藤智大のとった母親に対する「心理的に痛みを与える」行動は、「無言」である。しかし、怒り・抗議の目的をもって、母親を「しつけ」の対象とする場合、その行為が怒りであり抗議であることが客観的に明瞭な脈絡の中でおこなわれるのでないかぎり、行為の意図が母親に伝わる可能性は低い。その意味で、意図を母親に言葉ではっきりと伝えることは、「しつけ」が効果をあげるために、絶対要件である。なぜなら、言葉で伝えることによって、母親を自分の外部に、「しつけ」の客体として据えることが可能になるからである。母親自身も同時に、「しつけ」の客体として自分が据えられたことを自覚するからである。

だが、加藤智大は、母親にならって言葉を発しなかった。それゆえ、母親の側に自分が「しつけ」の対象にされたという自覚は生じなかった。「おかあさんは嘘つきだ、僕は許せない。これからはお母さんの言うことは聞かない。」せめて、このくらいの抗議の表出があったなら、と思うばかりだ。このように母親を自分の外に客体化できてはじめて、自分の行動の意味が母親に伝わる条件がそなわるのである。

加藤智大の右のような抗議の言葉は母親の言葉による反発・反撃をかうかもしれない。このとき二人の間の出来事として、トラブルが生じるであろう。トラブルは二人の言葉を引き出し、それは相互に一方的な通交という、長年親子を隔ててきた見えない壁を破ることになるであろう。加藤智大がおこなおうとした母親への「しつけ」が効果をあげるということは、こういうことなのである。だが、何度も言うが、そのための絶対的とも言える条件が加藤智大の口から言葉が発せられることであった。それなくしては親子間のトラブルにならない。二人の間の出来事に育っていかない。加藤智大の無言が、「しつけ」を意図段階から先へ進め、実行として外部に現われる機会を奪ったのである。

4

自滅の衝動がぼんやりとだが、姿を見せはじめている。四年制工業大学で機械工学を修め自動車メーカーに就職するという希望を、母親に対する「しつけ」に利用するかたちで、破棄しているのだ。対母親へのこのどこか報復的な進路変更には、加藤智大自身の未来を自ら閉ざすという代償がともなっている。ここに自己還帰現象《ぶーめらん》を認めることができる。こうした自滅行動、自滅衝動は以後、加藤智大の「しつけ」を貫く絶望的な特徴となるのである。

5　自滅衝動の現れであるこの自己攻撃は、先に述べたように言葉の欠如、およびその結果としての、「しつけ」の対象を自分の外部に客体化できなかったということの帰結なのである。要するに自己の内側での出来事に終始してしまいトラブルにならなかったのである。このような帰結にいたる過程に、母子間の相互に一方的な通交関係が深く影響をおよぼしていたであろうことは、明瞭であろう。

事例②

自動車関係の短大進学後、加藤智大は自動車整備士の資格を取るつもりでいた。そのための短大進学であった。だが、卒業間際、父親の口座に振り込まれた加藤智大のための奨学金二十万円を、父親が無断で手をつけ、使ってしまったのだ。加藤智大は、この父親の間違った考え・行為への怒り・抗議の気持ちのアピールとして、整備士資格を取る意志を放棄したのである。加藤智大は、整備士の資格を取らずに、短大を卒業した。数百万円をドブに捨てられた痛みで父親を改心させよう（「しつけ」）としたのだった。

「コメント」

1　ここでも加藤智大は無言である。父親に口頭でその非をなじることができれば、両者にとって相互通交の基盤としてのトラブルが生じる。トラブルが起これば、「しつけ」以前に父親との間に言葉が生まれ、いくらでも処理法を考え出せる余地が作られる。だがここでも加藤智大はトラブルに持ち込めていない。だから「しつけ」に走る。

2　整備士の資格を取ることを条件に入学金と学費と寮費等を出した父親にとっては、整備士資格取得を放棄するという息子の行動は、数百万円をドブに捨てられたと同じである。当然、父親は腹も立てるだろうし、がっかりもするだろう。こうした感情面での効果を、加藤智大は「しつけ」に応用したのである。だが、このエピソードにおいても、加藤智大は、無言であった。そのため、相互的な一方通交関係を抜け出せず、「しつけ」の対象として父親を自分の外部に客体化することに失敗している。内心の腹立ちを父親に伝えられていないままである。つまり、「しつけ」は効果をあげていないのだ。

3　「しつけ」はここでも自滅的である。父親に向けてとったはずの行動の影響は自分に戻ってきて、自分に損傷がおよんでいる。整備士の資格取得の機会を放棄したことにより、自身にもたらされた損害の規模は目には見えないけれど、確実に加藤智大自身の未来の生活を狭め、貧しくする方向へと作用したものと考えられる。短大卒業後、望んでいた自動車関係の仕事に正式に就けず、派遣社員という位置を転転とすることになったのだから。

4　父親に実害（心理的な痛み）を与えること、それは自分の財産になるもの（整備士の資格）をドブに捨てることによって達せられるという論理。この自己還帰《ぶーめらん》現象は、自滅的であり、自爆的である。

5　事例①にはまだ微弱にしかあらわれていなかった、自傷的な攻撃に、イノセンスの論理を読みとることができる。人を心理的、社会的に傷つけるために、自分を傷つけるという方法が無条件で有効なのは、親子間だけである。親子間においてのみ、自分を傷つけることは、そのまま親を傷つけることであるという等式が成立する。ここで駆使されているのは、これからとる自分の行動は、いっさい自分には責任がない、あなたたちの責任であるというイノセンスの論理である（第2章参照）。

6　イノセンスの表出としての自傷的行動は、自己受けとめ能力の未形成の究極のかたちである。親子間、夫婦間のような相互規定性がきわめて濃密で、独立性の薄弱な関係において、トラブルに対する親や夫の対処法はときに無理心中のかたちをとる。

7　親殺しの衝動が浮上している。[*1]

2　社会的な場面におけるトラブル対象法としての「しつけ」

以下の事例③〜⑧は、社会関係において加藤智大のおこなった「しつけ」の実践例である。これらに特徴的なのは、親子間、家族間だけでしか有効性のない論理が、社会へと拡張されていることである。これから自分の起こす行動とその結果に、自分は責任がない、責任があるのは社会であるという考え方である。加藤智大は、この思考法に則って、社会的場面において、無言の「しつけ」を実行しようとしたのである。

無言ということは、言葉の行使を基本として成立する社会的場面においても依然として言葉は発せられなかったということ。したがって、当然のことながら、「しつけ」の対象を自分の外部に客体化することができなかったのである。加藤智大が招きよせたのは、トラブルではなく、したがってトラブルの解決でもなく、ここでも自滅的現象だけであった。

事例③

短大卒業後警備員に。仕事の提案をしても所長に却下も採用もされず、手ごたえがないので、辞めた。自分がいなくなれば会社が困った状況になるという所長へのアピールだった。

「コメント」

1　ここでも加藤智大は、先ほど述べたような双方にとっての出来事という意味でトラブルに持ち込めていない。自分の出した仕事の提案をなぜ無視するのか、所長に言葉でアピールすれば、出来事になるにもかかわらず。言葉がないから、アピールは、「しつけ」という対処法にならざるを得ない。

＊1　ただし、親殺しには子殺しが先行している（芹沢俊介『親殺し』NTT出版二〇〇八）。

2　さて、通常、仕事を辞めるには、「仕事の提案をしても所長に却下も採用もされず、手ごたえがないから」という理由で十分である。なぜなら、こうした辞職理由には、もう少しやりがいのある職場で働きたいという転職の動機がこめられているからだ。
　だが加藤智大は、これだけの辞職理由では、自分の気持ちを収めることができないのだ。自分の気持ちとは、おそらくは所長に対する不満、怒り、不信等が入り混じったものであったであろう。このような自己の感情が収まりのつくものとなるための方途を考えること。これが加藤智大の対処法となる。対処法は、加藤智大にとって一つしかない。「しつけ」である。部下が仕事上の提案をしても何の反応もしないということは、間違った考え方である、そういう考え方をする所長には心理的な痛みを与え、間違った考え方を、改めさせなければならない、このような「しつけ」の使命感へと展開してゆくことではじめて、加藤智大は自己の気持ちを収めることができるのだ。

3　残念ながら、このアピールはアピールにならない。何度も記すが、無言の行動の根本的な欠点は、加藤智大の内部にある「しつけ」の対象を、外部に客体化できないことである。それゆえにアピールは客体である所長に届かず、空転して、ブーメランのように自分に還帰してきている。この行動において、明らかなのは自分が職を失ったという事実だけで、それが所長を困らせたかどうかは不明である。

4　社会的な場面において、「しつけ」の対象が内部にあるだけで、客体として外部に据えられていないということは、「しつけ」対象が無差別へと拡散する危険性が孕まれたことを意味する。

事例④

埼玉県の自動車工場。部品の整理の仕方を正社員に提案したら「派遣は黙ってろ」と言われ、（抗議のつもりで）辞めた。

「コメント」

1　ここでも、抗議を言葉にすることで、相互的な出来事（トラブル）にする以前に、無言の「しつけ」行動がとられている。無言であるゆえに、抗議の対象が外部に客体化されておらず、辞職は所期の目的である抗議の効果をあげることができていない。その点では事例③と同様である。親子関係においての自傷的構造が、これら社会関係の場面においてもそのまま適用されているように思えてくる。自傷の衝動と思われる動きは、やがて自殺の衝動となって浮上してくるのを目撃することになるのである。そして自殺衝動は、加藤智大のいちじるしく狭窄した視野の中で出現しており、そのため視野の外に生きて暮らしている他者が見えず、その見えない他者を巻き込んでのものとなるのである。事例⑥以下にそうした実際を見ることになる。

事例⑤

派遣会社がフォークリフトの免許を取らせてやるという約束をいつまでも履行しない。派遣会社のそうした間違った考えを改めさせるため、無断で工場を辞めた。突然仕事に穴をあけられた工場側は、派遣会社の責任を問うであろう。このように派遣会社に痛みを与える意図でもって、無断辞職を八月上旬に実行したのだった。「その結果、……私と社会との接点はひとつも無くなりました。孤立です」。

「コメント」

1　ここでも「しつけ」の対象は加藤智大の内部にあるだけで、外部に客体化されていない。したがって、事例④のコメントに述べたことが表面化している。無断辞職という「しつけ」は失敗し、その攻撃が自己還帰してきて「孤立」という形をとって加藤智大自身を襲っている。

2　自傷の具体的な現れは、加藤智大の最大の弱点、自殺しても避けようとする深刻な事態、「孤立」であった。第1章で記したように、「孤立」に耐えられないのは、加藤智大が「孤独」を深く病んでいたからである。

3　社会的な場面におけるトラブル対処法②――自滅行動が見知らぬ他者を巻き込む

事例⑥

孤立状態に陥った加藤智大は自殺を企図する。加藤智大の目論んだ自殺は、地元青森において、車でトラックに正面から突っ込むという、事故にも見られかねない方法で死ぬことであった。そして、それが自殺であることを昔からの友人にわからせるために、彼らにメールで宣言したのである。加藤智大は、この自殺企図をこう説明している。「私と一緒にいてくれない、という彼らの間違った考えを改めさせるために彼らに心理的に痛みを与えるための自殺であり、他の人には事故にしか見えなくても、彼らにはそれが自殺だということも、その理由も理解できる、という構図です。だから『事故』を確認させるために、地元青森でなくてはいけませんでした[*2]」(『解』)。

「コメント」

1 自殺さえも「しつけ」という母子関係で形成された枠の中で発想されている。

2 加藤智大のイノセンスの論理は、直接の関係者ではなく、遠方にいて自分の「孤立」を放置している友人たちを責めるという新しい方向を見つけている。「孤立」を放置しないという意味は、具体的な誰かが助手席に乗ってくれることだと加藤智大は説明している(『解』)。

3 加藤智大はここで新しい「しつけ」の対象を見出している。遠方にいる昔からの友人である。加藤の思考は、次のような展開をとった。友人らは、自分が「孤立」しているのに「一緒にいてくれなかった」。そうした「彼らの間違った考えを改めさせるために彼らに心理的に痛みを与

＊2 加藤智大は、自殺をしようとする意図を表明することで社会との接点を作ることができると述べている。なぜなら、このような自殺メールには反応が期待できるからである。事実、加藤智大はメールによる反応を得て、「孤立」を免がれ、生き延びることができたのだった。

える」必要がある。その手段が自殺である。

4 「しつけ」はいまや、自殺と同義となっている。

5 だが、ここでも「しつけ」の対象とされた友人らは、抽象的な存在ではないものの、遠方にいるという点で、手の届く範囲の視野に客体化することは不可能である。にもかかわらず、加藤智大の考え方では、自殺という行為が、無言のうちにそうした彼らへの「しつけ」となるはずなのである。自分が自殺したことを知れば、友人らは痛みとともにそれを思い知らされるはずなのである。

6 加藤智大の企図した自殺は、自分の行動が巻き込むことになる他者が浮上してきている。たとえば正面衝突されるトラックには運転手がおり、その運転手には家族がいるのである。だが、加藤智大の目には、そのような他者が映っていないのである。自分の行動が起こす事故に巻き込むかもしれない他者存在を想像できないのだ。養育論は、受けとめ手、受けとめられ体験といった原型的な他者体験の欠如が根本要因となって、このような他者存在への認識、配慮の欠落をもたらしたものと考える。

7 徹底した他者存在への無関心、その背景には、自分の存在への無関心がある。加藤智大は、書いている。「自分が死ぬとか死なないという話はどうでもいいことで、自分が孤立していることがすべてでした」(『解』)。この文にはさらに、「他人が死ぬとか死なないという話はどうでもいいことで、自分を孤立に追い込んだものへの『しつけ』がすべてでした」と書き加えるべきであった。

8　「しつけ」への骨がらみの囚われが、自己をも他者をも無関心においやっているのである。

事例⑦

二〇〇八年六月五日の朝、静岡の派遣先工場で作業服のツナギを隠されるという「嫌がらせ」を受ける。即、無断帰宅。工場から寮の部屋にツナギがあったという連絡がくる。こうした事態については隠した者が元に戻したのだと考え、無断退職で応じようと考える。「ツナギを隠すという間違った考えかたには、無断帰宅で対応しましたが、ツナギをこっそり戻してそしらぬ顔をしているという間違った考え方には、無断退職で対応することが思い浮かびました。」（『解』）

「コメント」

1　加藤智大は、誰かが自分の作業服を「意図的」に隠したと考える。自分の直面した不都合、つまりトラブルは、悪意のない行為の偶然の結果であったかもしれないと考える余地は加藤智大の心にはない。事実はどうだったのかはわからないのだから、せめて「誰か俺のツナギ、知らないか」と聞けばいい、行動はそれからでも遅くないのに、と思う。まず、自分に起こったトラブルを他者と共有できる出来事にすることが先決である。しかし、こういう場合のコミュニケーションの言葉をもっていないため、加藤智大にはそれができない。加えて、自分に都合の悪い事態すなわちトラブルの発生は、誰かの悪意ある迫害的行動の結果だという思考回路をすでに幼少期に身につけてしまっている。ツナギがあるべきところにない、ということは誰かの、しわざである、そうと思い込む。そうなると、加藤智大の中で、それが「事実」と化す。その「事実」に立って、次に生じた事態にも判断を下すことになる。誰かがツナギを隠したのであり、その誰かがツナギを元に戻したに違いないというように、だ。加藤智大は、それぞれの出来事に対処する、対処法として「しつけ」の必要を感じる。最初の出来事に対する「しつけ」は無断帰宅、続くツナギ発見の連絡には無断退職という「しつけ」で応じることになる。「しつけ」は、過激度を加えてゆく。

2　事例③のコメントにおいても記したことだが、無断帰宅や無断退職は、そういうふうに行動しないと自分の怒りの感情に収まりがつかないからである。自己の感情を収拾する対処法、つまるところトラブル対処法は、それがどれほど自滅的、他害的な事態を招こうが、加藤智大にとって一つしかなかった、「しつけ」である。

事例⑧

「成りすましに心理的に痛みを与えるのに利用する大事件」が、六月八日正午過ぎ、トラックとナイフを使い秋葉原で無差別殺傷事件を起こすこと、と固まった(『解』)。

「コメント」

1　心理的に痛みを与えるべき対象は、ネット上にしかいない。はじめから具体像を結び得ない対象を相手にしているのだ。対象を客体化するには最低限、対象の特定化が不可欠である。どんな人物で、どこにいるのかがわかっていなければならない。だが、その肝心の部分が不明である。痛みを与える相手は不明であり、不明で「ある」以上、客体化は絶望なのである。それにもかかわらず、加藤智大はどこまでも「しつけ」に拘泥する。こうした特定化不能の対象への「しつけ」をあくまで拘泥することと、その手段が無差別殺傷であることとは、対応していることがわかる。

2　無差別殺傷事件によって殺傷される他者という存在が視野に入っていない。

3　「しつけ」への囚われが、他者存在を無関心領域においやっているのである。「誰でもいいから人を殺す」という発想がここに露出してきている。「誰でもいいから人を殺したくなった人が起こした無差別殺傷事件」と、ここまでくれば区別は紙一重である。

4　「しつけ」として無差別殺傷事件を起こすことは、自分を「社会の災い」とするということによってしか起こし得ないという点で、究極的な自滅衝動の現れであった。

第7章
掲示板について

1 最後の寄る辺

この章では、加藤智大にとって掲示板が、どれくらい大きな位置を占めていたかということを、加藤智大自身の発言に即して考えてみたい。

加藤智大は、自らの掲示板とのかかわりをどう考えていたか。東京地裁における公判では、「掲示板だけに依存していた自分の生活のあり方」という供述をした。しかし、「依存していた」という発言は適切でなかったという思いがその後の加藤智大に生じてきて、依存していたという表現を訂正することから、最初の本『解』を書き始めている。

ここで私見を述べておくと、「依存していた」と言えるほど掲示板は加藤智大にとって大きな位置を占めていた、という思いを禁じえない。依存という表現を使わずに次のように言うこともできる。加藤智大にとって掲示板は、命綱だったというように。命綱とは、自分がこの世に存在していることの手ごたえが得られる「最後の寄る辺」といったくらいの意味である。

掲示板について、これまでどんなにていねいに解説されても、インターネットそのものを利用していなかったため、感覚的によくわからなかった。だから傍観者的な視点で物を言うしかなかった。たとえば、こんなふうに。

おおよそ一九九〇年前後を境に急激に押し寄せてきた個人化という時代精神の波が連れてきた携帯電話。そのケータイはネットに接続されることによって、利用者に圧倒的に手軽で安価な、言葉による自己開示の手段と場とを提供することになった。すさまじいばかりに人々の感情面での自己開示欲が解発されたのだ。なぜこれほどまでに人々が自己（自己感情）開示のツールに殺到し、実際に自己を開示し、表出し始めたのか。

いくつかの理由があろうけれどその一つは、自己開示の表出が、それを読む人々の何らかの反応を、それも速やかな反応を期待できることがわかったことである。こうした体験は、表出者に手応えと満足感（逆もある）を与え、それらに促されさらなる自己開示の意欲をかきたてることになった。他にもう一点、もっと大きな理由が認められる。自己を開示し表出することが、コミュニケーションに結びつく機会になるということ、そのことに多くの人々が気づいたことである。

自己開示を容易にした要因の一つがネットの匿名性である。匿名性は、人々の心の内に抑えつけていた諸感情を、人前でじかに吐き出すことの怯えを取り払った。誰はばかることなく、自己感情を文字にすることのためらいを捨てる機会を提供したのである。これはコミュニケーションを阻むよりも促進する力となったと思えるのである。——

こうした外側からの認識を加藤智大の掲示板依存の背景とみてそれほど見当違いではないはずである。

だが、先ほど述べたように、掲示板について、肝心の感覚的な面でまるでわからなかったのである。ところが、少し前から、ネットの利用者になったのだ。ブログを始めたのだ。始めてみていま右に述べた特徴がほんの少しわかる気がしてきたのである。*1 掲示板依存ということも、これもわずかでしかないけれど、実感としてつかめるようになったのだった。

加藤智大が使っていた掲示板は、「スレッド方式」という。スレッドは thread と綴り、英語である。私にいくぶん馴染みのあるのは糸という意味である。しかし、糸という意味だけでは「スレッド方式」の説明にはならない。そこでさらに調べていくと「議論を導いていく、リードしてゆく」というニュアンスがあるということがわかってきた。おそらくスレッド方式の説明としてはこちらが近いのだと思う。その「スレッド方式」の掲示板に、加藤智大ははまったのだ。

「スレッド方式」の掲示板について、加藤智大は「商店街の一店舗のようなものだ」という比喩を用いて説明している。スレッドの作成者を、主（あるじ）と言う。そのお店の店主、親父さんということになるだろう。続けて加藤智大は「主は、スレッドのタイトルと、親記事を設定できる」と書いている（『解』）。この箇所を最初に読んだ当初、まるでちんぷんかんぷんであった。タイトルとか親記事という用語が意味不明だったからだ。

推測するに、商店街の一店舗の主である親父さんは、自分の店で何を売るかを決めなければならない。タイトルというのは取扱っている商品を端的に表す商店名。親記事とは、実際の売り物ということになるのではないか。具体的には、話題にしたいテーマ、ネタということになると思う。自分がリーダーになってネタ、話題を提供することができる。自らが話題を提供し、話題の展開をリードしていくことができる、これが「主は、スレッドのタイトルと親記事を設定できる」ということの内容だろうというのが私の解釈であった。こう解釈したところで、なるほど、加藤智大が掲示板の魅力にとりつかれた主なポイントがここにあると思えたのだった。

たとえば、「不細工な自分には彼女が出来ない」というふうに、加藤智大が掲示板に書く。[*2]それがいわば親記事で、親記事が呼び水になって、さまざまな人たちがさまざまな反応を書き込んで

＊1　ブログ名「芹沢俊介の養育を語る部屋」。二〇一五年三月二〇日を最後にただいま開店休業中。

＊2　「不細工な自分」という掲示板上の自己規定がそもそも、主観的でかつおそろしく情緒喚起的である。このような文字＝言葉に含まれた感情が掲示板訪問者の情緒的、感情的反応を誘うのである。

くる。寄せられた反応のそれぞれに対して「主」がすぐさま的確に応答する。それにまた反応が寄せられる。スピード感とキレのいい当意即妙な反応と応答の束、すなわちやりとりの全体を「スレッド」というふうにも表せるということが、何となくだけれども、つかめてきた（間違っていたら、ご教示を！）。

掲示板には、誰もが匿名で自由に書き込みが出来るということ、同時に、書き込みをするかしないかは、相手次第であるということ。書き込みをしたければする、したくなければしない。加藤智大はこうした掲示板のあり方を「商店街にお店を開いたけれども、お客さんが全くこないかもしれないし、行列になるかもしれない。それはわからない、それはお客次第だ」と比喩したのだった。

掲示板というお店に客が立ち寄るか立ち寄らないか、それはお客次第というあり方は、ブログも同じであった。ブログを始めてみて「ああこれか」と思ったのは、訪問者がカウントされ、その中にコメントを書きこんでくれる人がいることである。私（芹沢）の書いた文章に対する反応として誰かがコメントを書き込んでくる。それに対してこちらからもコメントを返す、そういうやり取りがぽつりぽつりと起るのだ。こうした経験を通して、私が書くブログの文章の何十分の一、何百分の一という短い文と、逆に反応・応答においては私のブログの何十倍、何百倍もの速度で行われる掲示板上のやりとり、その渦の中心にいる「主」の、おそらくは酔うような興奮と快感の一端に触れ得たように思えたのである。

そのような「スレッド型掲示板」について、加藤智大は「場である」と捉えている。むろん、掲示板そのものが、見ず知らずの人と自分を見えない細い糸threadでつなぐ、いわば束の間のコミュニケーションの場である。けれど、加藤智大は掲示板にたんにそのような意味での「場」以上の気持ちを持ちこんでいた。加藤智大にとって掲示板は、「真剣な遊び場であった」のである。

「真剣な」という形容には、加藤智大自身の掲示板へのかかわり方の二つの固有の内面がこめられていた。一つは、遊びに真剣さが加われば加わるほど、そのぶん掲示板は活気づき、それがひいては訪問者を増やし、その中の何人かが常連の訪問者として定着していくからである。

そのような過程で遊び場は、加藤智大の内部でしだいに「いつでも誰かと一緒にいられる」場としての意味をも持ち始めた。ここにしか「孤立」しないですむ世界がないという点で、自分という存在の生き死にがかかっている、そうした切実感もまた「真剣な」という言葉に加藤智大が含ませたもう一つの内面であった。

加藤智大にとっての掲示板の最大のメリットは、開けばそこにいつでも誰かがおり、その誰かといつでも語り合い、共に過ごせるそんな時間が経験できることである。それは同時に「孤立」から解放されている時間であり、ときに自分が「いま・ここに」間違いなく生きているという充実した感覚を加藤智大の内面に送り込んできたものと思われる。明らかに加藤智大は掲示板に、遊びを超えた存在論的な意義を見出しはじめていた。

だからではないか、掲示板という場に集まってくる人たちのことを、加藤智大が「友人」と呼んだのは。単なる訪問者を友人視することと、加藤智大の異様なくらい「孤立」を怖れる「孤独」な内面とは、深く対応していた。そう考えなければ、「荒らし」や「成りすまし」に抱いた、何がなんでも「しつけ」せずにはすまされないといった、抑制不能な憤りの感情表出の根本が理解できないのだ。

他方、通りすがりにお店をのぞいただけの気まぐれな他人、そのような訪問者を常連だからということで友人視することに、私は目まいするほどに当惑をおぼえるのである。

以下しばらく、このような私の強い当惑感におつきあい願いたい。

2 友人

私（たち）が「友人」という言葉を口の端にのせた場合、すぐにその人の具体的な姿形とともに、笑顔や目つき、声、しぐさ、体臭等がよみがえってくる。すると、それが体の中に熱となって広がっていくのを感じる。「友だち」とか、「友人」という言葉の中には、そういう他人とは混ざりようのない特定の経験が厚みとなって折りたたまれているのである。ところが加藤智大の言う「友人」からは、そうした厚みを帯びた特定の具体的な像が浮かんでこないのである。

加藤智大のいう友人には、厚みがない。これまで用いた言い方でそれは、「誰でもいい誰か」ということになる。一時、いくらかでも自分に関心をもってくれる人であれば誰でもいい、そのような誰か、その誰かが加藤智大のいう「友人」の範疇に組みこまれるのである。

掲示板の訪問者は名前もわからなければ、男性か女性かもわからない。年齢もわからない。どこに住み、何をしている人かもわからない。むろん、直接出会ったこともない。まったく顔が見えない。声も聞こえない。そのように抽象的という意味で、幽霊みたいに気まぐれで自由な人たちである。私はいま、友人という概念が、厚みを持った特定特別の具体的存在から、不特定のまるで厚みのない、抽象的存在にまで、拡散していく様を目撃しているのだ。

掲示板を繰り返し訪れる人に対して、同じネーム（記号）の持主であれば、あるいは同じ文体、同じ感覚、同じ発想を繰り返しそこに見いだすことができれば、それが抽象的存在であっても、特定化の仮象が出来上がるであろう。加藤智大は、その特定化の仮象に「友人」というくくりを与えるのである。友人と他人の不確かな境い目に、いくぶんかにすぎないけれど、濃淡の違いが現われている。

むろん、こうしたわずかな濃淡の違いをもとに形成される友人観は、加藤智大の独自の発明ではなく、ネット社会を生きる子どもたち、若い人たちに見られるある共通した感性の傾向ではある。[*3]

＊3　若い人たちの中では友だち百人、二百人というのはざらで、友だち千人という数字さえ驚きの感情をともなうことなく、語られる。私のように友だちはせいぜい数人という現実からは、彼らを、生きる世界を異にしている人たちというふうに了解するしかなさそうなのである。

そのことは踏まえているつもりだ。それでも、私には、目まいがするほどの出来事なのであり、彼我の懸隔に当惑をおぼえざるを得ないのだ。

人は「友人」という概念の網の目にひっかかって「友人」になるか、その網の目にかからず網の目の外にいる他人(無関心の他人)になるか、どちらかになってきている。人々の内部に、無関心の他人とみなされることへの底知れない怯え――寄る辺ない不安、孤独感に苛まれるかもしれないという怯え――が蔓延してきている、そんなふうにいまの時代を捉えてみたいと思う私がいる。

抽象的な存在と記したのは、掲示板という場に出入りするには、具体的な誰かである必要がないということである。ということは、書き込みをした人を具体的に特定することができないということ、また特定する必要もないということ、このことが掲示板の世界の前提になっているということである。そして、書き込みした掲示板訪問者を特定できないという前提が、加藤智大が事件を起こすことになる大きな要因となったのである。

加藤智大は、このような掲示板利用の前提条件を知悉していた。自分の掲示板がトラブルに直面し、相互に負の感情の飛び交う修羅場になる場合があることを想定していた。

しかし、そのようなトラブルに直面したときに加藤智大自身の内面がどんな感情的反応を呈し、それに対してどのような処理法を採用することになるか、ということに関しては、まるで計算に入れていなかったし、計算に入れることができなかった。自己への無防備。そこに加藤智大の無意識下に折りたたまれてあった「しつけ」という被暴力体験の歴史がつけこんでくることなど、想像もできなかったのである。

私の視点から、もう一度、加藤智大の友人観を確認しておきたい。

私の人間関係の構図を、広げた扇子の比喩でもって示してみよう。この扇子は、私のものであって、他の人のものではないことをお断りしておく。

まず扇子を握る手元の要《かなめ》の部分、ここには親兄弟、夫婦、子どもという強い親和性で結びついた、自分がいまここに存在していることの絶対的な基底を形成する、交換不可能な特定特別のごく少数の人たちが位置している。これらの関係について私は、根源的受動性という視点で考えてきた。

要の部分の上隣りに位置づけられているのが友人たちである。親友はその交換不可能性と関係の安定性の強さ、確かさにおいて家族、兄弟に隣接した位置が与えられている。恋人は親友よりも不安定要素を多分に孕んでいる。恋愛関係は家族関係に変ることによって、親友を超えた特定特別の関係に入ることができる。

親友以外の友人は、親友の上の部分に位置づけられている。末広がりになった残りの外縁までの広い部分に、社会的な役割としての私がむすぶ仕事関係の同僚、知人、おつきあいのある隣近所の人たちが位置づけられている。これらの人びとの価値は絶対度が低く、その意味で交換可能である。したがって、関係が喪われたからといって、喪失感は淡い。まったくの他人ではないけれど、他人度が高いという言い方をしてもいいかも知れない。その先はない。その先は扇の外であり、空気しかない。扇の外に空気のように存在しているのは、私にいまのところ無縁の人たちであり、それが他人である。

私にとってブログは表現の場であり、コミュニケーション（接近と相互通交）の場として設定していないので、ブログの訪問者は扇子の表面に位置をもっていない。

このように私という存在、私という自我をめぐって、おのずと決定されてくる人間関係の優先順位、この優先順位にしたがって構成されている私の扇子と、加藤智大の扇子を較べてみると、いくつかの明らかな相違が見出せる。

1　私の扇子の要の部分にあたるものが、加藤智大の扇子にはないということ。私の目には要が壊れて、なくなっているというように見えるのである。ということは、特定特別の具体的な誰かと作るきわめて親密性の高い人間関係が消えていて、見出せないということである。

2　私にとっては、扇子の外の存在でしかない人たち（他人）が、加藤智大の扇子において、時に友人の位置を占めているということ。私の人間関係からは、広げた扇子の外にあるはずの他人が、加藤智大の場合、広げられた扇子の全面に位置を与えられているのである。加藤智大にとっての掲示板が、コミュニケーション（他者への接近と他者との相互通交）を求めて設営されているからである。それゆえ、掲示板に繰り返し同じ訪問者が現われるとき、その訪問者は「友人」

の位置を与えられることになる。

3　だが、私の友人観からは、掲示板の訪問者は何度訪問してこようと、抽象的存在である点で「誰でもない誰か」あるいは「誰でもいい誰か」でしかない。加藤智大は、そのような「誰でもない誰か」あるいは「誰でもいい誰か」をも友人と呼んでいるのだ。

4　加藤智大の人間関係は、要《かなめ》となる部分が欠けていて、その周辺ばかりがある、そんなイメージなのだ。要がないということは、加藤智大が空洞を抱えていることを物語っている。養育論的立場から私は、こういう状態を「孤独」と呼び、そのような「孤独」を抱えていては生きられないと主張してきた。それに対して加藤智大は、要はいらない、周辺だけあれば「孤立」を防げるから十分生きられると主張したのである。

5　養育論の視点からは、要がないと、感情の親疎も、関係の優先順位も形成はおぼつかない。のっぺりした、輪郭のぼやけた人間関係、それはとりもなおさず加藤智大の自我の脆弱さを物語っている、そのような感想を抑えがたい。私の当惑はこうして極限に達する。

ここまで記してくると、次のような問いはどうしても避けることはできない。問いとは、扇子の要に当たる部分が形成されるチャンスは、一度も加藤智大を訪れることがなかったのだろうか、というものである。

四冊の本に記述されているかぎりで言えばチャンスは一度あった。「充実のローテーション」と加藤智大が呼んでいる時期である。

3 充実のローテーション

二〇〇七年一月、青森の運送会社に就職。この頃から仕事・掲示板・実家（母親）・時々友人・たまに飲み会と、充実のローテーションで生活していました。（『解』）

加藤智大にとって、「充実」は「空白」と対立している。「充実のローテーション」という言葉は、加藤智大はこれまでにない幸福感に満たされていた時代があったことを伝えようとしている。

この「充実のローテーション」の核になっていたのが、実家においての母親との同居である。

仕事を終えても実家という帰るところがあります。帰ること、家にいることそのものが、母親のために、と社会との接点となっています。（『解』）

この記述における加藤智大は、母親とのかかわりと、社会との接点とを区別している。家を基点に暮らしをいとなむことが、母親との関係を他とは異なる特定特別の親和的な世界の形成につながるであろうこと、そのことを加藤智大はすでに予感し、予想している。

この時期、加藤智大がもっとも望んでいた母親との親和的な暮らしが現実のものとなったのだ、母親もまた加藤智大と関係の修復を願っていたと推測できる。だとしたら、こうした暮らしがせめて一年続いていたらと思わないではいられない。そうすれば、母親との過去の不幸な関係の修復が進み、その過程で「受けとめ―受けとめられ」の相互通交性を基軸にした対象関係へと進展し、それが人間関係を組み替える基盤になっていったかもしれない。扇子の要の部分が十分にとは言えないまでも、形をなしてきたのではないか。もし、そのままなにごとも起こらなければ、である。

だが、このような実家での母親との暮らしを軸にした加藤智大の「充実のローテーション」は、たった四、五カ月の短い期間で突然、終わりを告げることになる。母親と不仲の父親が単身赴任先から帰還したのである。「充実のローテーション」は、あっさりと崩れ去る。

春になると、父親が単身赴任から帰ってきました。私は仕事に合わせて2時には起きて、遅くとも20時には寝る生活をしていたため、父親とは全く顔を合わせませんでしたが、母親同様、父親とも家族のやり直しをしようとは考えていませんでした。

ところが、5月のはじめ頃、父親と母親は離婚することになりました。「あんたも帰ってきたし、離婚することにしたから」というように言われた覚えがあります。よくわかりませんが、私が離婚の引き金を引いたようです。家族をやり直そうとしていた私は全否定され、ひとりで空回りしている空しさを感じました。

私は、家を出るよう言われました。アパートを借りる費用は全額母親が用意しました。「これであんたにわたす金はもう無い」とも言われました。それは親子の縁を切る、ということでした。


母親との関係の修復という願いは中途で期待外れに終わったのだ。加藤智大はふたたび、今度は深い絶望をもって、「孤独」という寄る辺ない状態へと投げ出されたのである。

4 「孤立」への怯え

話題を掲示板に戻そう。では加藤智大は掲示板をどう使ったのだろうか。加藤智大は、以下のように述べている。「依存」ではなく、すべての空白を掲示板で埋めてしまうような使い方をしていた、と。私(たち)の考えでは、それこそが依存症的なのである。

すべての空白を掲示板で埋めるというときの「空白」とは何か。加藤智大は、それを「孤立している時間」だと述べる。「孤立している時間」とは、「友人」と一緒にいることが感じられない時間のことである。「友人」とは、すでに見てきたように、突き詰めると「誰でもいい誰か」あるいは「誰でもない誰か」としての掲示板の訪問者たちのことである。

「孤立」とは何かというと、加藤智大の言い方で表せば、社会との接点を失うこと、「社会的な死のこと」である。「社会との接点」とは、加藤智大自身の行動の理由になる相手のことである。たとえば掲示板に書いた親記事に反応して何かを書き込んでくれる相手がいれば、そこに社会との接点が生まれる。

加藤智大にとってこのような社会との接点の喪失がもたらす「孤立」がなによりも恐怖である。恐怖だから、「孤立」は埋められなければならない。それをもっとも手軽に実現してくれるのが、掲示板であった、掲示板以外になかった。これが事件を起こす直前の状況であったと述べている。

他の「孤立」回避の仕方を見つけておかなくてはならないのに、たやすく「友人」が集まるので、掲示板本位になり、楽をしてしまった。他の「孤立」回避方法を探す努力を怠り、空白の時間を掲示板で埋めるようなことをしてしまった。これが、加藤智大の無念さであり、弁明であった。ちなみに他の「孤立」回避方法として加藤智大が提示している一例が、後に触れるように、スケジュールで手帳をいっぱいにすることなのである。掲示板依存とは違う形での嗜癖の出現は不可避であったことが知れよう。

事件を起こすことになる直前は、まさに、そのような社会との接点がまったく失われた孤立状態に追い込まれていた、そう加藤智大は思いなしたのであった。

加藤智大は「孤立」と言う。他方、私は「孤独」というモチーフを重視してきた。加藤智大自身が掲示板へ書き込んだ「孤独」である。「人間近づき過ぎると怨恨で殺すし、孤独だと無差別で殺す」と書いたその「孤独」について、事件の核心をなす最も重要な問題としてここまで考察を加えてきた。

「孤独」と「孤立」は、重なる面もあれば、重ならない面もある。私が「孤独」という言葉を使う場合、先ほどの扇子の比喩で言えば、要の部分が欠けている状態を意味する。

要の部分は交換不可能な特定特別の一緒の誰かとともにしか作ることができない。そのような誰かは、養育概念では「受けとめ手」であった。受けとめ手の最短距離にいるのが生物的な母親であった。

要における受けとめ手としての母親との関係が形成されていないと、長じて、自分にとっての特定特別の誰か、私(たち)の言う親友、恋人(彼女、彼氏)へと育めるような人間関係を作っていくことができない。特定特別の誰かとの関係がしっかりと構築されて初めて、濃淡のある他者との人間関係へ、自己を肯定的に開いていくことができるのだ。

これまで何度も述べてきたことを繰り返すと、「生物的な母親(産みの親)から、受けとめ手としての母親への移行」があって、初めて子どもにとって、母親が自分にとっての特定特別の一緒の誰かになるのである。この移行体験——受けとめられ体験——を核に、子どもにとっての要の人間関係が作られる。ここを核に親疎のある、したがって優先順位のある人間関係が自然に形成されていく。

加藤智大は、そのような要となる特定特別の一緒の誰かがいないという意味で、「孤独」なのである。依存症は、この「孤独」をめぐって出現することはすでに記した。

このような意味の「孤独」と、加藤智大の言う「孤立」が違うことは明瞭であろう。加藤智大の言う「孤立」は、「誰でもいい誰か」、加藤智大のいう「友人」、がそばに一人もいない状況のことなのである。

私（たち）の理解では、「孤立」は恐くはない。「孤立」を恐れるのは、「孤独」だからなのである。ほんとうに恐いのは「孤独」である。「孤独」でなければ、「孤立」を少しも恐れることはない。なぜなら、特定特別の誰かを内在化できているゆえに一人ではなく、またほんらいの意味での友人を作る力をすでに内部にもっているから。

加藤智大は、ここで述べている意味での、まったき「孤独」であった。要の部分がそっくり脱落しているという意味で寄る辺なき状態にあったのだから。

加藤智大が「孤立」することに怯えたのは、「孤立」すると、第一になにより依存対象がなくなり、たちまち寄る辺なき状態に陥ってしまうゆえであり、第二に社会的次元での加藤智大の「必要」性、すなわち社会的な存在感覚が消滅してしまう危機にみまわれるゆえである。[*4]

＊4　「孤立」と「孤独」、こうした対置の仕方を見れば、加藤智大が私たちの著書『「孤独」から考える秋葉原無差別殺傷事件』の核心部分を間違いなく正確に読んでいることがわかる。特定の一緒の誰かがいな

加藤智大は、自らの自我の中心が空洞だということを、認めたくなかった。絶対に認めまい、とした。その証拠に、一言もこのことには言及しないのである。内なる空洞に触れてしまえば、加藤智大自身が自分を保てなくなると思いこんでいるのだ。

繰り返すと、「孤立」と「孤独」とは違うし、「孤独」でなければ「孤立」は怖くないのである。「孤独」こそが恐怖なのだ。そのことの実感は加藤智大にあったはずである。けれど、目をふさいだ。目をふさいだため、「孤独」の二次的現象にすぎない「孤立」に怯えたのである。「孤独」ゆえに、「孤立」することが恐怖だったのである。

加藤智大に、「孤独」に目を向けるということに対する怯えがあったのではないか。「孤独」がメインテーマになれば、思考の世界は養育論的でかつ存在論的にならざるを得ない。しかし、加藤智大は「孤独」には目をつぶりたかった。おそらく今も目を背け続けている。一度こうした基底部分から目を背けてしまうと、後は社会的—機能的に考えるしかない。「孤立」を防ぐのに、手帳をスケジュールで埋めるなどという、行動主義的考えに陥らざるを得ない。自分という存在は社会的存在であり、社会的存在としてのみ生きている、そういうふうに、加藤智大は言いきろうとするのである。

これでは「孤立」は語れても、加藤智大にとって本質の問題であるはずの「孤独」について思いを深めることはできない。それは自分を狭く、浅く考えることに通じる、ひいては自分を欺くことを結果する、そうした意味でとても不幸なことだ。

もし加藤智大が、内省のまなざしを「孤独」へと向けることが出来るならば、これまでと全く違った、表現が生まれてくるに違いない、実はそのように期待はしていたのである。しかし実際は、正反対のものしか表現されなかった、残念だなというふうに心から思うのだ。


いというところに、加藤智大の苦しみの核心があったという私たちの主題をつかんでいた。私たちは、加藤智大の言葉に導かれつつ、「孤独」が無差別殺傷事件の根本要因だと捉えた。一方、加藤智大は、事件を起こしたのは「孤立」したからだと主張する。「誰でもいい誰か」がいなかったからだと考えた。それゆえ事件を起こさないためには、「誰でもいいから誰かを探すことだ」という結論に導かれていった。私たちが「特定の誰か」といったところを、彼は「誰でもいい誰か」と捉えかえしたのである。このように「特定の誰か」がいないということのもたらす「孤独」から加藤智大は目をそらしてしまったのである。

このことは、私たちが『「孤独」から考える秋葉原無差別殺傷事件』で提出した見解を、ある意味では加藤智大が書き換えようとしたのだというふうにも思えてくる。推測すれば、高岡・芹沢の考え方ではなくて、高岡・芹沢の考え方に対置して、自分が考える事件の核心、したがって事件の予防法を、これこそが正しいものだとして打ち出したかったのだと考えてみたくなる。特定の誰かは必要ではない、「誰でもいい誰か」がいれば予防には足りると、そのような持論、それが、「私は母親なんか求めていない」という発言になったのではないか、そんなふうにも考えられるのである。

第8章　事件へ

1　生活が掲示板中心になる

前章に続き、加藤智大の友人観の理解をすすめることで、さらに加藤智大のいう「孤立」の意味を無差別殺傷事件との関連において、追求したい。

これまでも述べてきたように、養育論の観点に立つと、孤立感の根底にあるのは「孤独」であることが見えてくる。加藤智大の友人観を支配していたのは「孤独」である、そう理解してきた。したがって、この章では、「孤独」の破壊性に抗しきれずに絶望的な事件を思いつき、ついに実行に移していく加藤智大の最後の行程を、加藤智大自身の示した言葉をとおしてたどってみたい。

まず、前章で記述してきた最後の寄る辺としての掲示板が、加藤智大の生活に実際にどのような過程を経て登場してきたのかという点を明らかにすることからはじめよう。以下は『解』からの引用である。引用文は、もともとは一つながりのものだが、解読のポイントを明瞭にする上で、(1)(2)(3)の三つにわけたことをおことわりしておく。

(1) 高校時代は、昼間は学校に行き、授業が終わると友人宅に直行して深夜まで遊び、休日は朝から晩まで友人と遊んでいました。大げさではなく、一年中、三六〇日くらい友人と一緒でした。その後進んだ短大は寮生活でしたので寮の仲間とずっと一緒でしたし、長期休暇には高校時代と同様に、友人宅に入り浸っていました。卒業して仕事を見つけるまでの間は、友人宅に泊めてもらい、宮城の会社で仕事を始めてからは、人との関わりが絶えず、部屋に帰っても寝るだけでした。地元青森から宮城に出てきていた友人もいて、休日にはやはり友人と遊んでいました。

(2) ところが埼玉では、仕事先では大量の部品に囲まれ、寮に帰っても寝るには早く、一人の時間ができました。そのような空白が、長時間、毎日のようにできるのは、初めてのことでした。それは世の中からたったひとり、取り残されたような感覚でした。マジックミラーごしに世界を見ているようなものです。私から見えている相手には、私が見えていない状態、私の頭の中にいる人の頭の中には私がいない状態であり、孤立への恐怖の始まりでした。……それはつまり、私の中に友人を思い浮かべても、その友人は私のことを考えていない、と私は感じてしまうのだということです。

(3) ひとりの時間ができると、掲示板へアクセスする頻度が自然に高まりました。というより、ケータイを手離さずに、常時アクセスしているようになりました。もともと他の利用者の返信は早かったため、私も即返信《レス》するようになると、あたかも一緒にいて会話しているような感覚になりました。メールのように離れたところにいる友人と通信をしているのではなく、一緒にいて会話している感覚です。私と一緒にいる人の頭の中には私がいます。私と一緒にいる時間の長さは、そのまま、相手が私のことを考えている時間の長さになります。ですから私にとっては、一緒にいる時間の長さが長い人ほど親しく感じます。一緒にいられない昔からの友人と、いつも一緒にいてくれる掲示板の友人とで、優先順位が入れ替わってしまいました。すると、生活が掲示板中心になります。もちろん、仕事中にケータイをいじるようなことはしませんでしたが、その他の時間は、直接的にも間接的にも掲示板です。

右の文の読後感から述べよう。

とりわけ(1)の記述に初めて接したとき、ひどく疲労困憊した気分に襲われたことをおぼえている。わずか十行ほどの文章なのに、私の心は、げっそりするほどの消耗感にとらえられたのだった。原因は、はっきりしていた。ひとりの時間が好きで、ひとりの時間を奪われることに耐えられない私の感受性が、ひとりになることを何よりも怖れる加藤智大の躁的とも思えるエネルギッシュな行動に、圧倒されたのである。

加藤智大の行動になんらの異和をおぼえない人たちは、私の反応に過剰なものを認めるかもしれない。あるいはまた、加藤智大と私の違いを、二人の対人関係における趣味の違いに帰する人もいるであろう。芹沢にひきこもりの暗い性向をみるのに対し、加藤智大には人といるのを好む明るい性向を認めようとするのである。それらのどれも当たっていると思う。だが、そうした見方だけで方がつくとは、私には思えないのである。理由は二つある。

第一に、加藤智大の対人接近行動がきわめて強迫的に見えることだ。

第二に、続行中の強迫的な対人接近行動が阻まれ、遂行不能に陥ると、(3)に見られるように、すぐに代わりの接近対象を、これまた強迫的に求めている点である。すなわち、対掲示板接近行動である。掲示板への接近《アクセス》が、対人接近行動を満たしてくれる新たな手段であったことは、加藤智大自身が語っているとおりである。

強迫的であるということは、衝動的であるということだ。内側から衝きあげてきて、抑えようにも、抑えられないということ。自制不能であるという意味である。このことは、加藤智大にとっての最大のストレス、堪えがたい不安が、どんなかたちであれ、対人接近衝動が阻害されることだということを告げている。阻害され、満たされない状況が続けば続くほど、不安は寄る辺なさという「孤独」を呼び、それが孤立感となって膨れ上がり、対処不能な困難となって加藤智大のまえに立ちはだかる、そういう事態が現われかねないことを予測させるのである。加藤智大の心に自殺衝動が生まれてくるのは、このような事態においてである。

対人接近衝動を阻害したものがいたとしよう。そのような場合は、不安は怒りに転じ、怒りは激しい勢いで加藤智大を包むことになる。加藤智大は、こうした怒りの膨張に対し、抱え込むのではなく、一つだけ通路を持っていた。それが「しつけ」であったことは、ここまで記してくれば容易に了解できよう。

2 愛着対象を求める対人接近行動

加藤智大の対人接近衝動は記述から察して、人恋しさというよりもっと原初的な、ひたすら誰かに接近したいという強迫的な欲求に基づいているように思える。こうした接近衝動を心理学のよく知られた言葉で表せば、愛着対象を求める愛着行動ということになるだろう。[*1] 愛着行動は養育論的には、受けとめられ欲求の一つとして位置づけられる。受けとめ手を求め、受けとめられ欲求の充足すなわち受けとめられ体験を求める、そのような受けとめられ欲求の表出の一つとして位置づけられるものだ。

加藤智大の激しい対人接近行動に、この愛着行動が重なって見えてくる。

子ども期をとうに過ぎているにもかかわらず、このような強烈で強迫的な対人接近行動を表出する加藤智大は、愛着行動という子ども期最早期の対人接近衝動が満たされることなく、通過してきてしまったに違いない。

愛着行動は、受けとめ手を求める受けとめられ欲求の表出の一つとして位置づけられることは述べた。ということは、愛着行動という受けとめられ欲求の表出に、それを受けとめる受けとめ手が欠けていたこと、具体的に言えば、母親による受けとめられ体験がまったくといっていいほど欠如していたことの刻印を、加藤智大の対人接近衝動に見ざるをえないということである。加藤智大の母親は、加藤智大を生んだものの、受けとめ手としての母親に移行するという課題を遂行しなかったのである。

養育論からの理解では、加藤智大の「友人」は、このような対人接近衝動が生み出した「幻の受けとめ手」のことなのである。受けとめ手はほんらい、子どもにとって自分のためだけに存在する特定特別の一緒の誰かのことを指している。それは幼い加藤智大がその願望の正当さにもかかわらず、望んで得られなかった対象であった。受けとめ手の出現、受けとめ手による受けとめられ体験、受けとめ手の内在化、信頼の対象の確立と進む過程こそ、加藤智大が母親との関係でもらおうとしてもらえなかった、他のなにものにも変えがたい切実な願望であった。

＊1　J・ボウルビィ『母子関係の理論』(岩崎学術出版)。

だが、この願望はかなえられなかった。しかたなく、加藤智大は、誰でもいい誰かを対象に、その受けとめ手を求めようとしたのである。

「友人」がいなくなれば、すぐに掲示板の訪問者に「友人」を見い出そうとする。そこで得た「あたかも一緒にいて会話しているような感覚」に、加藤智大はこれまで満たされることのなかった充足感、すなわち「受けとめられ体験」を感受したのである。だが、加藤智大自身が「あたかも」と記しているように、そうした受けとめられ体験は「幻の受けとめ手」による「幻の受けとめられ体験」でしかなかったのである。

(3)の記述には、掲示板の常時訪問者を、自分のためだけに存在する特定特別の誰かと思い込みたい、そのような特定性を掲示板の常時訪問者に付与したいという願望がこめられている。「いつも一緒にいてくれる掲示板の友人」という箇所からその願望が伝わってくる。この願望を推力に、加藤智大は、誰でもいい誰かとの関係における誰かに、「友人」の称号を与えたのであった。ここにおける「友人」は、「いつも一緒にいてくれる」という意味では押しかけて行って遊ぶ友人より格上げされた、加藤智大にとって言わば受けとめ手であった。むろん、加藤智大の観念の中だけでしか成立し得ない受けとめ手であり、そうした受けとめ手との関係に執着したところに、私は加藤智大の「孤独」を見定めることができると思うのだ。

(2)の「私の中に友人を思い浮かべても、その友人は私のことを考えていない、と私は感じてしまうのだ」という箇所について。

私（芹沢）は「私の中に友人を思い浮かべても、その友人は私のことを考えていない」という感じ方はしない。大事なことは、私（芹沢）がその友人のことを思い浮かべていることであって、その折、友人が私（芹沢）のことを考えているかどうかは、ほとんどの場合、関心外である。[*2] 取り残され感をおぼえることなど、まったくといっていいほどない。マジックミラーごしに世界を見ているような離人症的な疎隔感におそわれることなど皆目ないということだ。これは立場を逆にしても同じだと思う。

しかし、加藤智大と違って、そのことが、私（芹沢）の中にその友人がいないということを少しも意味しない。逆に私（芹沢）の中にいつもいるから、「どうしているかな、あいつ」と考えただけで、友人は私（芹沢）の前に現われる。呼び出せば、いつでもどこにあっても私（芹沢）の前に現われる、遠く離れていても、長く会わなくても、すでに亡くなっていたとしても、そうした時空の隔たりは一瞬のうちに無化される。それが私にとっての友人である。

*2　ときに偶然みたいに、友人のことを考えていると電話が鳴るといった、共時的な現象が起きることはある。その一方で、恋愛における片想いの場合は、少々事情が異なる。私は恋した人の面影が常時、頭から離れない。そのとき私は相手もいま私のことを心に宿してくれているだろうか考える。でも、相手は「私のことを考えていない」と思う。それは、疎隔感だが、片想いという恋愛状態に起きる不可避の疎隔感である。

なぜ、私の場合、このように一方通交的現象であるのに友人関係は壊れないのか。基底にかけがえのない相互通交の経験、相互の「受けとめ—受けとめられ」の経験があり、それが相手を信頼という感情に裏打ちされた不動の関係へと押し上げているからである。

加藤智大の「友人」には、このような信頼による安定した結びつきを感じることができない。言い換えれば、特定特別の誰かとして内在化された対象であることを感じられないのだ。内在化されていないから、不安定であり、不安定であるからいつでも一緒にいようとして接近行動が繰り返される。

第5章で、幼児のころから母親との間でできあがってしまった対人関係の基本的な型すなわち、相互に一方的な通交関係について述べた。この関係の相互に一方的な通交性という特徴が、「友人」を、加藤智大の思い込みの中にしか作らせなかった要因である。幼少期に存在の深くに作りこまれた相互に一方的な通交関係の型を、「友人」関係においても反復するほかなかったのである。ここに描かれている「友人」は、特定の誰かにならない。加藤智大にとっても、「特定の誰か」である必要がない。否、人とのかかわりにおいて、その人を特定特別の誰かに変えてゆく術をもたないのである。

「それは世の中からたったひとり、取り残されたような感覚でした。」というとき、こうした離人感覚において、加藤智大が、一気に寄る辺なき状態に投げ出されたことが告げられている。

3　事件を起こさないためには

『解＋』の中で、加藤智大は「事件を起こさないためにはどうしたらいいか」というふうに問題を立てている。

加藤智大の出した答えは、「空白」を作らないことである。事件は何もすることがない、自分と一緒にいてくれる人がいないという空白の状況下で起きた。だから、事件を起こさないためには、そのような空白を生み出さないことだと述べている。空白が埋められていれば、事件を起こそうという気持ちにならないというのである。

ここには何とも奇妙な、しかし同時に事件を考える上できわめて大事なことが述べられている。奇妙で大事なこととは、加藤智大の論理が、自分が無差別殺傷事件を起こすであろうことを前提に組み立てられている点である。その上で、事件を起こさないための方途を探しているのである。こうした発想は、私にはどうにも了解不可能である。

無差別殺傷事件を起こすことを前提として考える加藤智大は、事件を起こさないためには、「やらない理由」を見つければいい、と述べる。やらない理由が見つからなければ、必然的に、心と体は無差別殺傷事件の実行に傾いていく。加藤智大は無差別殺傷事件を思い立ち、実行しようとしていた。これを制止するには、「やらない理由」を探さなくてはならない、だが見つからなかったというわけだ。

やらない理由として加藤智大が具体的にあげているのは以下である。

自分とかかわりのある「誰か」、自分に関心を持ってくれる「誰か」、自分が関心を持てる「誰か」を見つけること。あるいは自分が関心を持てる「何か」を見つけること。そのような「誰か」あるいは「何か」を確保することができれば、それが「やらない理由」になるというのである。

確保すべき抑止力としての「誰か」について加藤智大があげているのは、親、子ども、兄弟姉妹、友人、恋人、仲間、上司、同僚、取引先の相手、そしてオンラインゲーム、SNS（ソーシャル・ネットワーク・サービス）、掲示板……などである。これらの関係はどれも相互的であり、こうした相互的な関係が作れれば、それらが「やらない理由」として作用するというのだ。

加藤智大は「何か」との一方的な関係であっても、事件に対する抑止力としては有効にはたらくと述べる。たとえば、芸能人やスポーツ選手、作家のファンになる。ファンになって、夢中になれば、「やらない理由」になるだろう。人間でなくてもいい。小説、アニメ、漫画、ゲーム等に登場する、架空のキャラクター……。モノを集める「コレクション」というのもいいだろうと述べる。

右の考え方を見て明らかになることは、誰とどんな親和的友好関係が形成されているかによって、その関係が事件の抑止力としてはたらく、そのはたらき具合には格段の差が出てくるものなのだが、その点がまったく視野から抜け落ちていることだ。たとえば、親、子ども、兄弟姉妹、友人、恋人等が「誰か」であるときと、オンラインゲーム、SNS（ソーシャル・ネットワーク・サービス）、掲示板等での出会う抽象的な存在が「誰か」であるときでは、抑止力としての期待度は前者が圧倒的に高いことは、申すまでもあるまい。仲間、上司、同僚、取引先の相手は、抑止力に対する期待度としては、親兄弟、友人、恋人より低いが、インターネット上の抽象的「誰か」よりは高いと言えよう。

だが、加藤智大の場合、「誰か」あるいは「何か」が、抑止力としてどれも等価的に扱われているのである。どの関係も抑止効果において同じだという認識である。ということは、すべての関係が「誰でもいい誰か」との関係になってしまっているということである。

すべての関係がこのように等価的、並列的であるということは、加藤智大が親、子ども、兄弟姉妹、友人、恋人等の「誰か」との間に濃淡を帯びた親和的な関係を持っていなかったことと無関係ではない。加藤智大にあったのは、遊び仲間（これを加藤智大は「友人」と呼んでいる）、上司、同僚、取引先の相手、そしてオンラインゲーム、SNS（ソーシャル・ネットワーク・サービス）、掲示板といった一過的な関係だけであった。最後は、それさえも失っている。

前章で加藤智大の人間関係の構図を、要《かなめ》の欠けた扇子という比喩で捉えた。養育論の視点からは、要がないと、感情の親疎も、関係の優先順位も、その場その場で生まれるだけである。そのような関係は突き詰めてしまえば、かかわりさえ生まれれば、その相手は「誰でもいい誰か」でかまわないのだというところへと帰着する。
自我の基底となるべき人間関係の構図の輪郭がなんとも不確である、加藤智大の自我の脆弱さを物語る事態である。その加藤智大の人間関係の脆弱な構図が、事件の抑止力となる「誰か」「何か」を選ぼうとするときの、その選び方にも現われていることが知れる。

もう一つ、加藤智大が無差別殺傷事件を抑止するのに効果的であるとして薦めているのが、スケジュールをいっぱいにすることである。加藤智大は「とりあえず、スケジュール帳を持ちます」と書く。そのスケジュール帳に先の予定を書きいれていく。予定が多くなるほど目標が増え、目標がたくさんあれば、事件は起こしにくくなる、事件を起こして、人生を投げ出してしまうことは思い留まるのではないか、事件を起こしたいと思っていても、予定をどんどん先に入れていけば、ずっと事件を起こさないまま死ねる、そう加藤智大は大真面目で言うのである。*3

しかし、人間は機械ではない。機械ではないということは、今と、この先だけで生きているのではない、過去(記憶)をも今として生きているのである。たとえば、スケジュールに沿った目的行動の最中に、ふと過去の不愉快な出来事を思い出したとしよう。それが我慢できる程度のものならば、問題ない。せいぜい、行動を一時的に止めることくらいですむだろう。しかし、我慢できないくらい不愉快な思いを我慢してきた出来事を想起してしまった場合は、どうか。体中が震えるほど怒りでいっぱいになり、そのことに囚われてしまい、そのために今までやっていたことができなくなり、この先に予定していた仕事を放棄してしまうなどということはさらに起きるのではないだろうか。こうなったとき、スケジュールの命じている目的に沿った行動に与えていた優先順位はあっさり覆ってしまう。それだけでなくスケジュール自体が意味をなさなくなってしまうだろう。実際、加藤智大の行動は、私の目にはこのようなことの連続であったように映っている。

なぜこういう論理になってしまうのか。

第一点は、無差別殺傷事件を起こす時点で、加藤智大はこれらのすべての抑止力となるつながりをいっさいなくしていたと考えているからである。当然、手帳のスケジュールも真っ白であったのだ。加藤智大のいう「やらない理由」が何一つ見つけられなかったということだ。こうして「やる理由」だけが残った、これが加藤智大の主張なのである。

このような論理づけは、そのまま読むと、「確かにそうだな」と納得してしまいそうになる。一見、理屈に合っているように思われるのだ。しかし、何かおかしい、この行動主義的心理学の論

＊3　スケジュール帳をいっぱいにしないと不安になる人は珍しくない。ということは、加藤智大と共通する心の状態にある人は珍しくないということだ。手帳を見て、空白があると落ち着かない。不安でしかたがないから、とにかくスケジュールをいっぱいにする。こういう心的状態を、メルロ・ポンティは時間神経症と呼んだ（『意識と言語の獲得』みすず書房）。

理のどこがおかしいのか。

第二点として、すぐに気がつく重要なポイントがある。繰り返すと、加藤智大が「無差別殺傷事件を起こす自分、起こすかもしれないところにいる自分」を出発点にしていることである。加藤智大の頭の中にすでに自分が起こす秋葉原における無差別殺傷事件の心像が出来上がっていることである。放置しておけば、実行に移されてしまう、そのような危険性をはらんだ心像をすでに抱えていたのである。

『殺人予防』の中で、加藤智大によって批判の槍玉にあげられた「有識者」の一人である私（芹沢）の関心は、無差別殺傷事件という発想が加藤智大の内部に心像として浮上してくる、そのプロセスであり、メカニズムであることは、これまで繰り返し述べてきた。そのヒントを、加藤智大は鋭い直観力でもって、無差別殺傷事件と「孤独」とを結びつけることで提示してみせたのだった。私（芹沢）のなすべき作業はそれを読んだとき決まった、つまり「孤独」の意味と発生の仕組みを養育論的に明らかにすることである。

この点を明らかにできれば、無差別殺傷事件という発想、無差別殺傷事件の心像が加藤智大の内部に生まれてくるメカニズム、プロセスが見えてくるに違いない。そして「孤独」の実質がわかれば、それは根本的な抑止力として使えるのではないか、という問題意識である。つまり、どんな窮地においても無差別殺傷事件の心像を思い浮かべるなどということのない人間を養育するには、寄る辺ないという「孤独」を子どもに植えつけなければいいという結論。

加藤智大とスタートラインがまるですれ違っているのである。加藤智大のスタートラインは、約めれば、人は無差別殺傷事件を心像として思い浮かべるし、また実行するものだという認識である。この認識が前提になっているのだ。だから「やる理由」「やらない理由」を併置し、どちらの理由が多いか少いか、どちらの理由が重いか軽いかが問題になるのである。

私（芹沢）のスタートラインは、もっと経験的なものである。無差別殺傷事件などというとてつもない犯罪を人は滅多に発想するものではない、そんな事件を自分が起こそうと、ちらとでも思い浮かべる人は、ごく一握りである。それゆえ私（芹沢）は、無差別殺傷事件など滅多に起こるものではないというところから出発している。つまり、なぜ、九九・九％以上の人が考えもしないし、したがって起こそうと企図もしないのに、ごくごく稀な少数の人がこの犯罪を思い浮かべ、実際に手を染めてしまうのだろうか、という疑問が私（芹沢）の出発点なのである。

この疑問に加藤智大自身が、掲示板の書き込みで直観的に答えてくれた、私はそう判断したのだ。「孤独だと無差別で殺す」と。人並みに犯罪をめぐる書物を読んできたけれど、無差別殺傷事件の本質を「孤独」であると一言でもって指示してみせた人を私は加藤智大以外に知らない。このような存在論的な問題を、加藤智大の依拠した行動主義心理学に解けるはずがないのである。

理解しにくい点がまだ残っている。これまでも書いてきたことだが、無差別殺傷事件を起こすということは、加藤智大の頭の中では、「しつけ」の範疇だということだ。「荒らし」や「成りすまし」が掲示板をめちゃくちゃにした。だから「荒らし」や「成りすまし」に「しつけ」をしなければならない、その「しつけ」の究極の方法として、加藤智大は事件を思いついているのである。こうした発想もまた、理解に苦しむ。

これまで述べてきたことをもう一度繰り返すと、「しつけ」は、必ず対象が特定されている。自分の外に特定の対象として客体化されて、始めて実行可能になる。加藤智大の母親は、幼い加藤智大という客体化された特定の対象に「しつけ」という暴力をふるったのである。親のしつけや教員の体罰は、ともに暴力である点で死と密接につながっており、ときに死を呼び込むことは誰もが経験的な事実として知っている。しかし、その死は、客体化された特定の人の死なのである。無差別の「誰か」の死は、そこでは起こり得ないのである。

このような観点からすれば、「しつけ」が、無差別殺傷事件を呼び込むということはありえないことになる。そのありえないことが、加藤智大の内部では起きているのだ。加藤智大にとっては、「しつけ」と、無差別殺傷事件という心像ないし発想とが結びついて生まれてきているのである。奇妙ではないか。なぜなら無差別殺傷は、無差別であるという点で、対象が不特定である。他方、「しつけ」という用語は、私たちのこれまでの常識では、不特定の対象に対しては適用不能なのである。

「荒らし」や「成りすまし」に「しつけ」が必要だ、ここまでは感情的に十分に理解できる。しかし、「荒らし」や「成りすまし」に「しつけ」を実行するには、「荒らし」や「成りすまし」がどこの誰なのかがまず特定できなくてはならない。特定できなければ、客体化もできない。実行は、その後である。だが、「荒らし」や「成りすまし」を特定することは絶望的に困難である。

「荒らし」や「成りすまし」は、他者の構成する社会のどこかに紛れ込んでいる。それでも、「荒らし」や「成りすまし」に「しつけ」をしたいと思えば、どうしたらいいのか。

しつこいくらいに言うけれど、そのように特定不能な誰かを「しつけ」の対象にするという発想は、「しつけ」という概念と矛盾する。矛盾を突破するには、「しつけ」の対象に不可分に付随する特定性を、削りとって不特定の他者へと拡散させるしかない。だが、そうなったとき、「しつけ」は、その意味と目的を失い、一気に他者が構成する社会を対象にした攻撃的な破壊行動、暴力に意味を変えてしまう。

否、それ以前に、「しつけ」から対象の特定性を削りとるなどということが、どうしたら可能になるのだろうか、という根底的な疑念が残ってしまうのだ。

この疑念を解くには、やはり、加藤智大の対人関係の基本構造である相互に一方的な通交というあり方に着目するしかなさそうだ。自分の思ったことは、相手に通じているはずだという思い。自分に相手の心理がわかるのだから、相手も自分の気持ちを理解するはずだという相互に一方通交的な論理。そこに立ち続けるかぎり、他者という存在は、いつまでたっても見えようはずがないのである。

終章

愛に疎まれて——加藤智大の死刑願望をめぐって

1　『ラスネール回想録』

この章では加藤智大の死刑願望をめぐって言葉を費やしてみたい。人はどのようにして犯罪者になるのだろうか。とりわけ自分の死を刑死といういわば最悪の事態として迎えざるを得ないような犯罪者になるのだろうか。

この問いに懸命に答えようとしたのがラスネールである。ピエール・フランソワ・ラスネール、十九世紀のフランスの詩人で、殺人犯である。ラスネールは犯罪者として起訴され、死刑判決を受けた。ラスネールは、死刑囚房において、死までに残されたわずかな時間（三ヶ月）を使って、一人の言わば凶悪な犯罪者が誕生するまでの生涯を振り返ろうとしたのである。それが『ラスネール回想録』である（以下『回想録』と略す）。処刑は一八三六年ラスネール三十三歳、『回想録』の刊行も同年である。和暦に直すと天保七年、明治維新は、まだ三二年先である。この時期すでに、養育論にとって根本的に重要な指摘がなされていたことに驚かざるをえない。[*1]『回想録』を読みすすめるうちに、次のような記述にぶつかる。

八歳にして私は、私だけの力で人間になった。これ以降、教育は私に何も影響しなくなった。私の道徳教育をしたのは、私だった。いまある私を作ったのは私なのだ。（『ラスネール回想録』）

手短に解説を加えると、「いまある私を作ったのは私なのだ」という箇所の「いまある私」とは、刑が執行される直前の三十三歳のラスネールである。ラスネールは残されたわずかな時間を使って、「私」という一個の凶悪とみなされる犯罪者が形成されるに至るまでの過程を克明に振り返ろ

＊1　『回想録』（平凡社文庫二〇一四）の解説者はこの重要性に気づいていない。この本の訳者である小倉孝誠「犯罪者の自画像——自伝作家としてのラスネール」、ドミニク・カリファ「ラスネールとフランスの歴史学」。

うとしたのだった。

次に「八歳にして私は、私だけの力で人間になった」という箇所をどう理解すべきだろうか。『回想録』の中で、もっとも印象的な言葉である。ここに感じるある痛ましさは、ラスネールの短い生涯が「孤独」であったことを告げている。引用の少し前で『回想録』は「私の誕生は両親にいかなる喜びももたらさなかった」と書いている。ラスネールはこう続けている。とりわけ母は、子どもを厄介払いしたがった。母は十三回妊娠し、六人の子を産んだ。しかし、母が愛情を注いだのは、最初の子どもである兄だけだった。母にとって兄以外の子どもには嫌悪しか感じなかった。姉は里子に出され、里親先で死んだ。次に生まれた「私」も乳母の手にまかされた。父の愛情もきまぐれだった。こうして八歳にいたって、ついにこの世でいちばん欲しい両親の心を手に入れることを断念したのだと述べるのだ。これが「八歳にして私は、私だけの力で人間になった」ということのおおよその意味である。

突き詰めれば、ラスネールは、こう言いたかったに違いない。「私は誰かから生まれたのではない、ひとりで生まれ、誰の愛も受けずにひとりで育ったのである。そして、これからもひとりである」。

子どもにとって最初の愛は、両親の受けとめられ体験をもらうことである。それには産みの親、生物学的な親が、受けとめ手としての親へと移行していなければならない。子どもが生まれ、生まれた子どもがそこにいるということは、その子を産んだ母親、生物学的な母親が、そのまま受けとめ手としての母親へと移行することを要請されていることを告げているのである。この要請に応え、首尾よく母親が移行をなしとげ得たとき、子どもに訪れたその充足状態を「二重の親」状態と呼んできた。子どもの最良の喜びがここにある。子どもの生涯において獲得する最良の幸福がこの二重の親の体験である。

母性はこの移行過程に生じる。母性とは、母親からすれば受けとめであり、母親による（両親による）産んだその子への没頭のことである。没頭とは、夢中になること。両親のこの没頭が子どもにとっての受けとめられ体験であり、母性は子どもにとって受けとめられ体験なのである。子どもが感受する最初の愛がそれである。受けとめられ体験は愛の原型である。

ラスネールの両親はラスネールを産んだものの、産んだだけで受けとめ手になろうとしなかった。二重の親状態が、子どもの前に出現しなかったのである。両親による没頭体験、すなわち受けとめられ体験という原初の愛をもらえなかったラスネールは、八歳にして絶対の「孤独」――寄る辺なさ――を自己のアイデンティティーとしなければならなかった。

二重の親状態を知らず、受けとめられ体験も得られず、つまりは愛に疎まれ、愛を知らずに死ぬことになったラスネールは、このような位置から世の母親たちに向け、根本的に重要な忠告を与えている。母親たちよ、子どもにとっては、あなた方の抱擁と愛情に代わりうる何ものもないということを学ばれるがよい、と。要するに、私のような人間にしたくなければ、子どもに惜しみなく没頭という受けとめられ体験を与えよ、そうすれば子どもは私のように幼くして絶対の

「孤独」の淵を歩むなどという悲しみを体験しないですむのだ、と訴えたのである。

「私の道徳教育をしたのは、私だった」という箇所を読むと、ラスネールがもう一つ、きわめて重要で単純な真理に私たちを導いてくれていることを知る。それは、両親の愛は、基本的かつ最高の道徳教育であるということだ。両親による没頭体験、受けとめられ体験にまさる道徳教育はないということである。両親にほどこされるこのような意味での道徳教育の主な成果は、生きることの肯定である。生きることを肯定できるということは、「孤独」ではないということだ。

両親の受けとめられ体験を存分にもらった子どもはこのとき、両親を自分のためだけに存在する特定特別の誰かとして体験する。このような特定特別な誰かとは、肯定的な他者の原型となる誰か、である。かくて子どもは、生きる上での基本的な糧を得たのである。なぜなら、子どもはこの肯定的な誰か、つまりは両親という最初の他者との関係を原型に、人との関係を肯定的に構築していくことができるからである。少なくとも、人間関係に臆病にはなっても、猜疑心や不信感をいだきながらのかかわりになることは、よほどの事情が関与しないかぎり起こり得ないと断言してもいいだろう。ということは、人との関係を肯定的に構築することに、大きな困難をともなうことはないということである。人との関係を肯定的に構築することに意欲がもてるならば、その分だけ、三十三歳のラスネールの立たされた場所から遠くにいるということを意味する。

幼少期に両親の受けとめられ体験を渇望しながら、得られず、断念するしかなかったラスネールは、その絶対の「孤独」を強いられたゆえに、しばしば、人との関係を肯定的に構築することに躓いた。

寄る辺なさを抱えて生きるラスネールに世の中は、暖かくはなかった。食べることにさえ事欠く暮らしは、ラスネールを観念の社会革命家に育てていった。両親だけでなく、社会にも疎まれ続けた結果、社会に自分の生きる場所を確保できなくなったラスネールは、自らの死を願うようになる。誰からも手当てされず、「孤独」のうちに放置された死の欲動は、実際には、自殺願望として現われる。

それはときに人に殺されて死にたいという願望に転じるということも生じる。ラスネールの死にたいという思いは、この道をたどった。しばしば自殺を願い、その感情はやがて人に殺されて死ぬ自分というイメージへと転じていった。このことは社会が自分を疎むなら自分もまたそのような社会を疎む存在となろうという敵対的な位置へとラスネールが突き進んだことを告げている。そして、その社会への非和解的、拒否感情が極度に嵩じた果てに、ついには死刑を望むようになっていった。

だから、自殺ではなく、人を殺さなければならなかったとラスネールは述べる。社会と和解的に生きるのではなく、逆に凶悪な犯罪者として社会と徹底的に絶縁し、敵対するという道を選択したのだ。観念の社会変革者は、実際の犯罪者として「社会の災い」となることへと気持ちと行動を切り替えていったのである。そのような存在として死を迎えることを望むようになったのだ。

ラスネールは書く。「私は社会の災いとなることを決意した」。悪に手を染めはじめ、すすんで危険に身をさらし、他者に危害を加えるという行動がラスネールに目立ちはじめる。それが凶悪度を増してゆく。これが「私の道徳教育をしたのは、私だった。いまある私を作ったのは私なのだ」ということの意味の全体である。ただし、「孤独」が生み出した死にたいという欲動が基底にあって、このような展開が生じたということを忘れてはなるまい。

ここまで記してくると、ラスネールの言葉の下から、「いまある私を作ったのは私の両親なのだ」という文字がいつの間にか滲んできているのを、目にしないわけにはいかないのである。

2 「懲役より死刑の方がマシ、という価値観」をめぐって

ここまでのことを念頭に置いて、加藤智大の死刑願望に触れていこう。加藤智大は著作の中で、懲役はいやだ、懲役になるくらいなら死刑になりたいといったニュアンスの発言をしている。実際、そのとおりの行動に出てしまったのだが、正直のところこのような言葉をどう理解したらいいのか、ラスネールの『回想録』を読むまでよくわからなかった。

加藤智大は、次のように書いている。

成りすましらとのトラブルから成りすましらを心理的に攻撃したのは、口論の延長で相手を殴ったのと大してかわらないよくある話で、本当はニュースになどならないような事件で

す。しかし、その手段に秋葉原無差別殺傷事件を利用したのが最悪であったことは間違いなく事実であり、その点こそが問題です。

何故私はそのような誤った手段を使ってしまったのかを考えたところ、まず、懲役より死刑の方がマシ、という価値観があげられます。その背景には、孤立への恐怖があります。繰り返しますが、私は死にたかったのでも死刑になりたかったのでもありません。

刑務所で地獄を見た後に孤立している世の中に放り出されるくらいなら死刑の方がマシ、というだけのことです。[*2]（『解』）

一見したところ、理路の通った記述に思えるかもしれない。しかし、よく読むとこんな不可解な、意味不明な文章はそうざらにあるものではないという感想に変ってくる。

第一に、相手を殴る程度ですむようなトラブルであるのに、その対処法に秋葉原無差別殺傷事件を利用したと書いている点である。加藤智大は、その点こそが問題ですと述べているものの、

＊2　「(何人か死ねば死刑だよな)／以前、何かのマンガで、凶悪犯は1年で死刑になるとしりました。刑務所で1年もいるのも嫌でしたが、その後すぐ殺してもらえるだけ、懲役3年よりはマシです。とはいえ、やっぱり人を殺傷するのも嫌です。だからさっきから3回もためらっているのです。しかし、やるしかありません。嫌でもやるしかないのです」（『東拘永夜抄』）。

私にはここにある極端な飛躍が、極端な飛躍として、それほど明瞭に自覚されているように思えないのである。これがどれほど異様な発想であるかが認識されているとは思えないのだ。

第二に、もっと不可解なのは、加藤智大が最悪の手段を使ってしまった理由として、「懲役より死刑の方がマシ、という価値観」をあげていることである。加藤智大は、そのような価値観がはたらく背景には、「孤立」への恐怖があったと述べている。「刑務所で地獄を見た後に孤立している世の中に放り出されるくらいなら死刑の方がマシ、というだけのことです。」と加藤智大は書いている。言い切ってしまえば、ここは加藤智大の頭の中だけの論理にすぎない。加藤智大のような性格なら、囚人の意志と無関係に一日が規則正しく回転する刑務所は、決して居心地の悪いところではないはずである。もしそのように書きたければ「刑務所で天国を見た後」と書くべきだった。天国を見た後に、まったくの孤立状態である現実の地獄に放り出されるのなら、死刑の方がましだと言うのであれば、いくぶんかは了解できそうに思える。[*3]

だが、それだけでは、「懲役より死刑の方がマシ、という価値観」を納得するに足りない。なぜなら、懲役も死刑も、犯罪が関与しなくては、起こり得ない事態だからである。こんな当たり前なことから考えなくては、加藤智大の価値観がよくわからないのである。

先にも書いたように私は、加藤智大のこうした発言の真意をまったくと言っていいほど量りかねていた。私にわかったことは、「孤独」すなわち寄る辺なさの感覚が、加藤智大という存在の基底になかったなら、加藤智大がこうした価値観を抱え込むことはなかったであろうということだけであった。だが、これだけではまだ何かが決定的に不足していた。何かとはつまりはいま述べたような、懲役も死刑も犯罪が関与しなくては、起こり得ない事という認識のことなのである。

加藤智大の著述には、盗みや器物の破損行為、人に対する粗暴行為といった「犯罪」に手を染めてしまいそうな自分、手を染めてしまった自分についての記述が認められない。これは推測にすぎないが、加藤智大の行動はある一点をのぞいて、きわめて規範的であり、社会常識の枠を外れることはなかった。どちらかと言えば、非常識な行為を潔癖なくらい自己に禁じていたのではないか。

例外は「しつけ」である。小学生時代に同級生に対しておこなった「しつけ」という名目の粗暴行為については、すでに触れた。使命感とさえ化している「しつけ」の必要性に強く促された場合にかぎってのみ、加藤智大の思考と行動は、常軌を逸するのである。

そして、ようやくわかったことは、この「しつけ」という観念が、加藤智大に犯罪という概念が生じるのを邪魔しているのである。すでに言及したことだが、掲示板の成りすましに対する「しつけ」に秋葉原無差別殺傷事件を思い浮かべる、さらには誰もが無差別殺傷事件を起こす可能性があるという前提に立って、起こさないための予防法を議論しているのだ。

これはなんとも奇妙なことである。このような奇妙さは、加藤智大の意識レベル(自覚レベル)と無意識レベル(無自覚レベル)との間の大きな断層を考慮に入れることによってしか解決がつか

＊3　「孤立」に関しては、すでに十分とはいえないまでも、「孤独」という観点から追究している。

ないこと、この点についてもすでに言及してきた。

では、加藤智大の何が私には、よくわからなかったのだろうか。それを教えてくれたのが『ラスネール回想録』であったのである。『回想録』を読んで、ようやく、自分なりに納得のいく解釈にたどりつくことができるように思えてきたのだ。加藤智大の死刑になりたいという発想は、加藤智大の内部にいつの間にか育ってしまった、凶悪な「社会の災い」となった自分というあり方と結びついていることに思い到ったのである。だが、繰り返せば、加藤智大には犯罪者となる自分という自己像が見えていない。見えていないということは、自らの無意識に住みついた凶悪な「社会の災い」となった自分というイメージに目をつぶっていたことを物語っている。

加藤智大の無意識に、凶悪な「社会の災い」となった自分というイメージがいつのころから住み着いたのか、その時期を明瞭に指示することはできない。しかし、このような無意識の自己像の作用なくして、いきなり秋葉原無差別殺傷事件を思い浮かべることなど不可能なのである。

凶悪な「社会の災い」となった自分という自己像が生まれる背景については、これまでも述べてきた「孤独」に加えて、次のような二段階の「しつけ」体験を背景として想定すべきであることを、記してきた。

1　無言でなされた母親の「しつけ」（抵抗できない迫害）

2　「しつけ」される者から「しつけ」する者への転成

「しつけ」という大義と一体となって、かつその陰に隠れるようにして育っていたもの、それが死にたいという欲動を基底に、ついには人からの同情の余地のない「社会の災い」となって国家に殺されたいと思う自己像であったのだ。ラスネールは、そして加藤智大も、そのようにして自分の絶対的な「孤独」に決着をつけようとしたのである。

懲役といい、死刑という。私には、懲役になった自分、死刑囚になった自分を想像することができない。無理に想像しようとすればできないことはないが、ただ恐怖だけがあって、リアリティがまるでないのだ。加藤智大にとって、逆であった。加藤智大と私を分けていたのは、ラスネールのいう「社会の災い」を生きる自分を、あるリアリティの強度をもって感受していたかどうかであった。加藤智大の無意識下には、自己の死を激しく望むゆえに他を害することを妨げない、攻撃的かつ破壊的な自己像が内在化していたのである。

加藤智大の無意識が抱える、社会からの疎まれ感は、それが社会を疎む方向へと反転した場合、懲役よりももっと大きな、死刑に値するような「社会の災い」と化してしまうほど、苛酷なものであったのだということが想像できるのである。

3　自分のことはどうでもいい人

加藤智大は、次のようにも述べている。

私は、自分のことはどうでもいい人です。死にたいわけでも死刑になりたいわけでもない、と書きましたが、死にたくないわけでも、死刑になりたくないわけでもありません。どうでもいい、といっても、どうなってもいい、とやぶれかぶれなのではなく、単純に、自分で自分の将来に興味が無いということです。だから、目の前の損得しか考えられず、今は我慢して将来を良くしようと、先のことが視界に入りません。(『解』)

この言葉を過不足なく検討するために、もう一人、別な殺人犯(容疑者)の言葉を紹介してみたい。二〇一四年十二月七日、十九歳の名古屋大学の女子学生が七七歳の女性を殺害した。彼女の場合、明瞭に「社会の災い」となって国家に殺されたいという願望を抱き、それを自分のツイッターに書き込んでいたのだった。死刑による死を望む、これが殺人の根本動機であったことが知れる。これによって加藤智大の自覚されていない無意識の側面をある程度推し量ることができよう。

以下のツイートは、事件を起こす半年ほど前(二〇一四年四月一九日)から事件直後(二〇一四年一二月七日)までの間に彼女によって投稿されたものである。

・逮捕される夢みた。怖かった

・「死にたい」とは思わないけど「死んで見たい」とは考える。「殺したい」人はいないけど「殺してみたい」人は沢山いる
・7月7日‼　Aくん（一九九七神戸事件の犯行者）32歳の誕生日おめでとう。
・日常を失わずに殺人を楽しめることが理想なんだと思う
・なんかこれまでの人生を振り返ると、神様が悪ふざけで自分を作ったとしか思えない
・名大出身死刑囚ってまだいないんだよな
・ついにやった

これらの呟きを加藤智大の言葉と比較してみよう。十九歳の女子学生の言葉は、加藤智大の発言より、自己の無意識にまで踏み込んで動機を語っている点で自分の起こした出来事に自覚的である。加藤智大には、その自覚がいささか乏しいのだ。すでに記したように、自覚化されている部分と無意識の部分との乖離がすこぶる大きいのである。

二人は、大きさや重さは別にして、同じ質の疎外感を抱えている。加藤智大はそれを、自分に関心がもてないというふうに述べている。だから、目先の損得しか考えられないと言う。加藤智大にとって、この場合の目先の損得は、物欲、金銭欲のことではない。自分の人生を自分でどう舵取りしてゆくか、主体性が持てず、その場その場の対応に終始してしまうということ、「先のことが視界に入りません」という言葉で加藤智大が伝えようとしていることと同じである。それ

はまた、加藤智大の現実対応力の貧しさでもあった。
加藤智大が主に振り回され、ついには無差別殺傷事件に至る道を用意することになったのは、二つの損得の問題である。二つとは、「孤立」の怖れであり、怒りの昇華形態である「しつけ」へのほとんど使命感とさえ化しているほどの衝迫であった。これらが目の前の損得を判断する基準であり、同時に損得を超えた絶対的な行動規範であったのである。これら二つの問題に関しては、トラブルの処理の仕方という観点からすでに詳しく述べてきた。

これに対して、名古屋の女子学生は、自分が自分を疎んじていることの自覚を、「社会の災い」として生きる自分という意志へと躊躇なく結びつけている。死にたいという欲動の変形である「死んで見たい」というやや実験的な言葉は、初の「名大出身死刑囚」となる自分という夢想と並列されていることと考え合わせると、彼女に国家に殺されて死にたいという願望があり、その願望のままに生きようとしていた、そう理解することが自然であろう。
十九歳の女子学生はすでに、夢想の中では殺人者であり、「社会の災い」としてふるまっている。そして、「社会の災い」として国家に殺されて死にたいという願望を、現実の日常において楽しみながら実現することが理想だと述べている。すでに自己像においては殺人者である彼女には、その自己像を現実の自己に重ねるという課題だけが残されていた。[*4]
ところで、彼女のツイートに一つだけ、疑問がある。「『死にたい』とは思わないけど『死んで見たい』とは考える。『殺したい』人はいないけど『殺してみたい』人は沢山いる」という呟きに対してである。

私の直感では、「『死にたい』とは思わないけど『死んで見たい』とは考える」の後に、「『殺したい』人はいないけど『殺してみたい』人は沢山いる」という言葉が置かれていることに、どこか不自然さが感じられてならないのだ。この書き方では、彼女の女性殺しという犯罪を説明したものになっていないからである。

彼女は、「『殺したい』人はいないけど『殺してみたい』人は沢山いる」と述べている。殺してみたい人が誰なのかは書かれていないのでわからないけれど、この書き方からすると、対象は名前も顔もはっきりしているとみていい。しかし、彼女の犯した殺人は、この書き方と見合っていないのだ、どちらかといえば無差別的なのである。すなわち「人を殺してみたかった、殺すのは女性でなくてもよかった」という、逮捕後の彼女の供述と、彼女の実行した殺人は見合

＊4　二〇一二年六月、大阪ミナミの路上で二人を殺害するという事件を起こした磯飛京三（当時三十六歳）は、幼い頃からの寄る辺ない境涯に耐えられず、死にたいと思っていたが死に切れず、無差別殺人におよんだ。何人かを殺せば死刑になれると思ったと供述した。死刑制度は、死にたいという欲求を抱いた人間を、凶悪な「社会の災い」へと変えてしまうはたらきをすることがわかる。なぜなら凶悪な「社会の災い」となることが死刑になるための必須条件だからである。

っているのである。ということは、彼女が殺害したのは、沢山いる「殺したい人」の一人ではなかったということだ。

そこで、「『殺したい』人はいないけど『殺してみたい』人は沢山いる」という言葉に、修正を求める必要が出てくるのである。この修正はいまの彼女には不可能である。そこで私が代わって、その要請に応えよう。訂正後の言葉は、「『殺したい人』はいない、しかし『人は殺してみたい』」というふうにならなくてはならないだろう。それでなくては、信仰を説く集まりの場に出かけて行ってそこで知り合い、信仰の道に入るよう勧めるために訪ねてきた人を殺害するという動機がわからないのだ。ふだんからの、人を殺してみたいという欲求が、女性の訪問を千載一遇の機会とみなした、そう私には考えられるのである。

そして、加藤智大と彼女はこの一点において違っていた。ただ、死にたいという欲動に促されて作られた凶悪な「社会の災い」としての自己像は共有していたものの、加藤智大には、人を殺してみたかったという願望はなかった。殺したいという発想もなかった。第1章で触れた「人を殺すつもりではなかった」という言葉に加藤智大が込めた意味は、このことでもあった。加藤智大には、「しつけ」の必要性だけが使命感のように燃え上がっていた。「事件は目的ではなかった」ということ、「手段であった」ということ、このことは信じられる。そこに加藤智大の「孤独」のもたらしたもののすべてが投入されたのだった。

女子学生のツイートに、興味深い箇所がある。

「なんかこれまでの人生を振り返ると、神様が悪ふざけで自分を作ったとしか思えない」。殺人をめぐる呟きの間に一つぽつんと挟まれた自嘲的言葉である。

報道によると、女子学生の名前が、イエス・キリストを産んだ母の名と同じ音であるという。おそらく、ラスネールや加藤智大と同様、両親による受けとめられ体験を知らず、自己を疎むようになっていったに違いない。その果てにいまでは「社会の災い」を生きようとする自分がいるのだが、そのような自分の名が、愛と母性の代名詞のような人と同じ呼称であることに、神様の悪ふざけを感じているのだ。自嘲の口元が、泣き笑いで歪んでいる。

「いまある私を作ったのは私なのだ」というラスネールの言い方を擬して言えば、「いまある私を作ったのは神様の悪ふざけなのだ」ということになろう。「私は誰かから生まれたのではない、神様の悪ふざけで生まれ、誰の愛も受けずにひとりで育ったのである。そして、これからもひとりである」。ラスネールも十九歳の女子学生も、親殺しの発想が生まれていない。いきなり、誰でもいい誰かを対象としている。ラスネールや彼女の存在の基底にある誰の愛も受けずにひとりで育ったという「孤独」の質に注目するとき、彼女の殺害対象は誰でもいい誰かにしかならなかったことの必然が見えてくる。

それに対し加藤智大は、「誰の愛も受けずにひとりで育った」というには、あまりにも母親の迫害的介入を受けすぎた。「怨恨」という感情の動きを親殺しの動機として据えているように思えるのは、そのゆえである。だが「怨恨」はやがて感情の核としての位置を追われ、その後を「孤独」が占めるようになっていった。それに対応するように加藤智大の主題は親殺しから無差別殺傷事件へと転じていったのである。[*5] こういう核となる感情の移動は、ラスネールにも十九歳の女子学生にも認めることができない。おそらくは二人がネグレクト（両親が自己を受けとめ手として差し出さなかったこと、受けとめ手としての親になることの拒否、それゆえ受けとめの放棄、子どもにとって受けとめられ体験の欠如）の被害者であったということと無関係ではないであろう。

加藤智大の不幸は、産みの母親がつねに傍にいながら、受けとめ手としての母親への移行をはたせず、ただただ「しつけ」という迫害行為をもたらす存在としてしかその役割を見い出せなかったことにある。

「人と関わりすぎると怨恨で殺すし、孤独だと無差別で殺すし　難しいね。『誰でもよかった』なんかわかる気がする」（二〇〇八年六月五日）。ここまで書いてきた私も言おう。この言葉、私なりに、なんかわかる気がする、のである。

＊5　「寄る辺なさ」という「孤独」からみたとき、加藤智大、名古屋の十九歳女子学生と並んでもう一人、気になる存在がある。山地悠紀夫である。山地は、秋葉原無差別殺傷事件を起こした加藤智大に一年遅れ、一九八三年に生まれた。十一歳で父親（44）を病気で失い、十六歳で母親（50）を自らの手にかけた。

三年間の少年院暮らしを終えた後、今度は大阪にて、見ず知らずの姉妹を殺害し、強姦した。一審の判決で死刑が言い渡された。山地は上訴せず、「私は生まれてくるべきではなかった」という言葉を残し、秋葉原事件が起きた翌年の二〇〇九年、刑死したのだった。このことから分かるように、山地悠紀夫は親殺しに続けて、誰でもいい誰かを殺すという意味で無差別殺傷事件を起こしている。明らかに「社会の災い」として国家に殺されるために。「私は生まれてくるべきではなかった」という言葉を前にすると、山地もまた加藤智大同様、生まれたこと、生きることの肯定感情を知ることがなかったことがわかる。愛に疎まれた、寄る辺なき自己の生を、「社会の災い」と化し、国家の手にかかって殺されるという道を辿ることが、自分の運命とみなしたのである。この注を書くに際して、池谷孝司他著『死刑でいいです』(共同通信社)を参考にさせてもらった。

あとがき

この本は秋葉原無差別殺傷事件の犯行者である加藤智大の書いた四冊の手記と行った対話である。対話は同時に、養育論という新しい位置からなした手記の筆者加藤智大への問いかけでもある。

手記との対話において第一に心がけたことは、できうるかぎり加藤智大の記述に添いながら、記述にこめられた加藤智大の考え方、意図、感情の起伏等を加藤智大自身の言葉で、浮かび上がらせることであった。そしてそこに浮かび上がってきた諸々の問題点を、養育論という尺度を用い、犯行の要因としての重要度を明らかにすることであった。

本論において記したことを繰り返すことになるが、ここに言う養育論とは、子育てにおける基本を母子関係に置き、肯定（受けとめ）を軸にしたかかわり方の技法（＝実践）とその技法を裏打ちした理論の全体を指している。

その養育論は養育の最大の狙いを、「いま・ここに・安心して安定的に・自分が自分であっていい」という同一性の感覚を子どもが獲得することにおいている。この同一性の感覚を、とりあえず「資格としての存在感覚」と名づけてみた。この場合の資格は、無条件に自分が自分という存在に与える肯定のことである。児童精神分析医D・W・ウィニコットは、こうした存在感覚を「ある」beingという一言で述べたのだった。養育はこの「ある」を、すなわち資格としての存在感覚を子どもが獲得するまでの親の(親に類する人の)かかわり方のことである。かかわりをなしては資格としての存在感覚を得ることはできないのだ。このかかわり方を私は、「受けとめ手として」というふうに把握してきた。受けとめ手の存在と、子どもが獲得を目指す資格としての存在感覚は不可分なのである。

具体的な言い方をするなら、母という存在の本質は子どもの受けとめ手であり、母と子は「受けとめ―受けとめられ」という関係において一体である、一体であるということは不可分であるということ。この不可分の関係において、子どもは「ある」を獲得してゆくのである。

秋葉原無差別殺傷事件を起こしてしまった加藤智大には、養育論の言う一体性であるべき受けとめ手を欠いていた。それゆえに、「ある」を得ることなく、それどころか逆に寄る辺ないという「孤独」の状態に追いやられたのである、ざっとこのような理解が、本書の基本イメージであった。私たちが構築してきた養育論の応用であり、養育論のさらなる深化を目指して挑んだものがこの一冊の意味でもあった。

弟子唯円の書き残した中世の大思想家親鸞の語録に『歎異抄』がある。『歎異抄』の中で親鸞が、おおよそ次のように述べている箇所がある。さるべき業縁がもよおせば、殺したくなくても人を千人殺してしまうということだって、起こり得るのだ。善人だから殺さないのではない、悪人だから殺すのではない。業縁の作用があるかないかということが決定的なのである、業縁のはたらきなしには、どんな些細な善行、悪行も起こりえないのである（第十三条）。

業縁とは業因縁のことであり、宿業と因縁が合わさり一つになった概念である。『涅槃経《ねはんぎょう》』というお経を介して、私はそう受けとってきた。宿業とは過去（今生に人として生まれる以前も含めた六道）において、何者かによってその人になされた行為のことであり、それが直接の因（未来の行為のたね）を形成し、その因は関係（縁）に促されて、ついに彼の行為の決定的な動機となるにいたるのである。

この論考もこのような私なりに理解した業縁という概念に深く影響されている。加藤智大の犯罪を、さるべき業縁がもよおしたゆえに、と考えている私がいるということだ。けれど、私はそこから一歩踏み出してみたいと願ってもいたのである。信じがたいくらい深い射程をもちながら、どこか決定論めいたところのある業縁という概念に、養育論という地平から何らかのはたらきかけができるのではないか、かかわり次第では業縁を少なからず解体できるのではないか、と考えたのである。

本書にいくらかの取り柄というか独自性が認められるとするなら、そうした無謀とも言えるモチーフをこめたこと、その一点にのみあるのかも知れない。試みがどの程度功を奏しているかは読む人の判断にゆだねるほかない。

この書き下ろし論稿には原型がある。現時点では私が主宰する「養育を語る会」（第九十回、第九十二回　二〇一四年七月一二日、一一月一五日）において、二十人程の参加者に向けておこなった報告である。養育の会の報告は必ず全文文字化されるのであり、その記録および報告のために用意したメモがもとになっているのである。このことを備忘として記しておきたい。

最後に、このような一冊に仕上げてくださった批評社のみなさまに、心からありがとうを申し上げる。

二〇一五年一二月一二日

芹沢俊介

著者略歴

芹沢俊介［せりざわ・しゅんすけ］

1942年東京生まれ。1965年上智大学経済学部卒業。文芸・教育・家族など幅広い分野の評論で活躍。現代の家族や学校の切実な課題、子どもたちの問題を独自の視点で捉えている。我孫子市在住。
著書に、『引きこもるという情熱』『「存在論的ひきこもり」論』（以上、雲母書房）、『母という暴力』（改訂増補版）『ついていく父親』（以上、春秋社）、『「いじめ」が終わるとき』『幼年論』（共著、以上、彩流社）、『親殺し』（NTT出版）、『若者はなぜ殺すのか』（小学館新書）、『阿闍世はなぜ父を殺したのか』（ボーダーインク）、『家族という絆が断たれるとき』『宿業の思想を超えて――吉本隆明の親鸞』（以上、批評社）、『家族という意志』（岩波新書）、『養育事典』（共著、明石書店）ほか多数の著作がある。

Psycho Critique――サイコ・クリティーク23

愛に疎まれて――〈加藤智大の内心奥深くに渦巻く悔恨の念を感じとる〉視座

2016年1月25日　初版第1刷発行

著者――――芹沢俊介
デザイン――臼井新太郎
制作――――字打屋
発行所―――批評社
〒113-0033　東京都文京区本郷1-28-36　鳳明ビル102A
Tel.03-3813-6344　fax.03-3813-8990
e-mail　book@hihyosya.co.jp
http://hihyosya.co.jp
郵便振替：00180-2-84363
印刷所―――（株）文昇堂 ＋ 東光印刷
製本所―――（株）越後堂製本

ISBN978-4-8265-0635-9 C0036